MINISTÈRE DE LA GUERRE

INSTRUCTION

SUR

LA TENUE, LE PAQUETAGE

ET

LE TRANSPORT DES EFFETS

ET DES VIVRES

DANS

LES UNITÉS DE L'ARTILLERIE

APPROUVÉE

PAR LE MINISTRE DE LA GUERRE LE 19 OCTOBRE 1912

LIBRAIRIE MILITAIRE BERGER-LEVRAULT

PARIS   NANCY
RUE DES BEAUX-ARTS, 5-7   RUE DES GLACIS, 18

1913

INSTRUCTION

SUR

LA TENUE, LE PAQUETAGE

ET

LE TRANSPORT DES EFFETS ET DES VIVRES

DANS

LES UNITÉS DE L'ARTILLERIE

MINISTÈRE DE LA GUERRE

INSTRUCTION

SUR

LA TENUE, LE PAQUETAGE

ET

LE TRANSPORT DES EFFETS ET DES VIVRES

DANS

LES UNITÉS DE L'ARTILLERIE

APPROUVÉE

PAR LE MINISTRE DE LA GUERRE LE 19 OCTOBRE 1912

LIBRAIRIE MILITAIRE BERGER-LEVRAULT

PARIS | NANCY

RUE DES BEAUX-ARTS, 5-7 | RUE DES GLACIS, 18

1913

NOTA

La présente Instruction annule et remplace les deux documents suivants :

Instruction du 21 août 1901 sur la tenue, le paquetage et le transport des effets et des vivres dans les batteries de campagne et les sections de munitions de 75 millimètres:

Instruction du 27 mai 1891, mise à jour au 15 mars 1903, sur la tenue, le paquetage et le transport des effets et des vivres dans les unités de l'artillerie non armées du matériel de 75 millimètres.

INSTRUCTION

SUR

LA TENUE, LE PAQUETAGE

ET

LE TRANSPORT DES EFFETS

ET DES VIVRES

DANS

LES UNITÉS DE L'ARTILLERIE

TITRE I

OFFICIERS (1)

CHAPITRE I

TENUE ET PAQUETAGE DE CAMPAGNE

I — TENUE DE CAMPAGNE

1. La tenue de campagne est la tenue portée en toute circonstance en campagne.

Elle se porte également à l'intérieur pour les manœuvres hors de la garnison, pour les marches, pour les routes (2) et lorsque l'ordre en est donné pour certaines prises d'armes.

2. L'officier en tenue de campagne a sur lui :

a) *En campagne seulement :*

Plaque d'identité avec cordon (suspendue au cou);

---

(1) Prescriptions conformes aux données du volume 97 du *B. O.*, É. M., qui réglemente les tenues des officiers et les paquetages de leurs chevaux.

(2) A l'intérieur, les chefs de corps peuvent prescrire une tenue de campagne simplifiée qui prend alors le nom de *tenue de route*.

Paquet individuel de pansement (dans la poche intérieure du vêtement de dessous).

b) *En toutes circonstances :*

Képi (sans jugulaire) (1);

Tunique ample avec *pattes d'épaule* en poil de chèvre. (Le port d'un col blanc avec cravate en soie noire est autorisé, en campagne seulement, au lieu du col blanc fixé à la doublure du collet (2);

Culotte de drap (3);

Bottes à l'écuyère, ou bien *bottines* ou *brodequins* portés avec *jambières en cuir* ou *bandes molletières*.

Éperons à la chevalière (pour les officiers montés);

Gants de couleur (chamois foncé ou rouge brun);

Ceinturon avec bélière ;

Revolver dans son étui (avec *cordon d'attache* pour les officiers montés). (L'étui, contenant *dix-huit cartouches* (4) et le *tournevis*, se porte la banderolle en sautoir de l'épaule gauche à la hanche droite);

Jumelle (5);

Boussole d'un modèle facultatif, mais d'un diamètre minimum de trois centimètres (6);

Sifflet (pour les commandants d'unités et les officiers chefs de section seulement);

Manteau d'ordonnance gris de fer bleuté (7).

c) *Facultativement :*

Porte-cartes, porté au côté droit du ceinturon, sa partie supérieure affleurant la tunique (8);

Vêtement en caoutchouc (manteau, pèlerine et macfarlane) en remplacement du manteau d'ordonnance.

---

(1) Dans les manœuvres, les routes ou en campagne, le *bonnet de police* est porté facultativement, à la place du képi, au stationnement ainsi que pendant les repos prolongés ou les haltes.

Le *couvre-nuque* est porté facultativement par les officiers, pour les marches et manœuvres pendant la saison chaude.

Dans les manœuvres, les officiers du parti désigné pour figurer l'ennemi portent un *manchon*, constitué par un bandeau blanc, qui ne doit pas couvrir les galons de grade, mais seulement le bandeau du képi.

(2) Les officiers sont autorisés à faire pratiquer à leur tunique de deuxième tenue quatre poches extérieures à pattes. Deux de ces poches sont placées du côté de la poitrine, entre le troisième et le quatrième bouton, les deux autres à hauteur du huitième bouton.

(3) Les officiers non montés peuvent remplacer la culotte par le *pantalon de drap* porté comme la culotte avec des *jambières en cuir* ou des *bandes molletières*.

(4) Lorsque l'étui de revolver est d'un modèle ancien organisé pour le transport de douze cartouches seulement, le troisième paquet de six cartouches est placé dans le paquetage du cheval ou dans la caisse à bagages.

(5) Aucune marque spéciale de jumelle n'est imposée (Voir volume 104, art. 47).

(6) Cet objet n'est obligatoire que pour les officiers des états-majors et des corps de troupe.

(7) Sur l'officier ou sur sa selle.

(8) Le porte-cartes peut également se porter sur une des sacoches de la selle, ou suspendu à l'une des bandes d'arçon, soit à gauche au-dessous de la poignée de sabre, soit à droite par-dessus le bissac.

3. — Dispositions spéciales à certaines catégories d'officiers.

Officiers non montés. — Les officiers non montés portent le *manteau* en sautoir (1). Ils portent au ceinturon le *sabre*, avec *dragonne de petite tenue* (2).

Ils sont autorisés à porter, en bandoulière ou sur le dos, une *sacoche* ou un *havresac*.

Officiers des troupes alpines. — Les officiers des troupes alpines doivent être munis d'une *canne ferrée*.

Ils sont autorisés à porter, sous la tunique ample ouverte (3), un *gilet* en drap bleu foncé, avec boutons métalliques; ils portent, obligatoirement en campagne et facultativement dans les manœuvres alpines du temps de paix, le béret du modèle de la troupe.

Officiers du service d'état-major. — Les officiers du service d'état-major sont munis d'un *brassard*. Ils portent obligatoirement le *porte-cartes*.

Ils sont autorisés à porter un *gilet de travail*.

II — PAQUETAGE DE CAMPAGNE
DU CHEVAL

4. Le paquetage de campagne du cheval monté par l'officier comprend :

La *bride* complète avec *licol*.

Le *tapis de selle* avec, en dessous, la *couverture de laine* ;

La *selle* complète (4) avec les *sacoches* munies de leurs courroies et la *longe-poitrail*.

Le *bissac de campagne*, reposant sur les pointes d'arçon.

Le *porte-sabre* avec le sabre muni de la dragonne de cuir et d'une gaine de fourreau en toile cachou.

Le *manteau de drap* placé sur les pointes d'arçon de la même manière que celui de la troupe et protégé (facultativement) par un étui en toile noire caoutchoutée.

---

(1) En temps de paix, pour les marches ou les routes, le port du manteau en sautoir est facultatif pour les officiers non montés.

(2) Le *sabre* ne doit jamais traîner à terre. Il se porte soit au crochet, la poignée en arrière, le dard en avant, soit *dans la main gauche*, celle-ci embrassant le fourreau à hauteur de l'anneau, la garde en avant, le fourreau incliné d'avant en arrière.

La *dragonne* s'attache par un nœud coulant à la partie supérieure de la garde. Le poignet doit pouvoir s'engager sans difficulté dans la dragonne lorsqu'on met le sabre à la main.

Au cantonnement, les officiers non montés ne sont armés, comme les officiers montés, que du revolver dans son étui.

(3) Pour les manœuvres alpines, les marches et les reconnaissances en pays de montagne et en campagne, la tunique peut être remplacée par la *vareuse-dolman*.

(4) Avec une croupière dans l'artillerie de montagne, facultativement.

L'*étui porte-avoine* contenant, lorsqu'elle n'est pas consommée, l'*avoine de route* du cheval (2 kilos); tordu en son milieu pour le fermer, il est fixé avec la courroie de pommeau, les deux bouts attachés en avant et contre les sacoches au moyen de quatre courroies de sacoches.

Le *surfaix* et une *musette-mangeoire*, dans les sacoches ou le bissac.

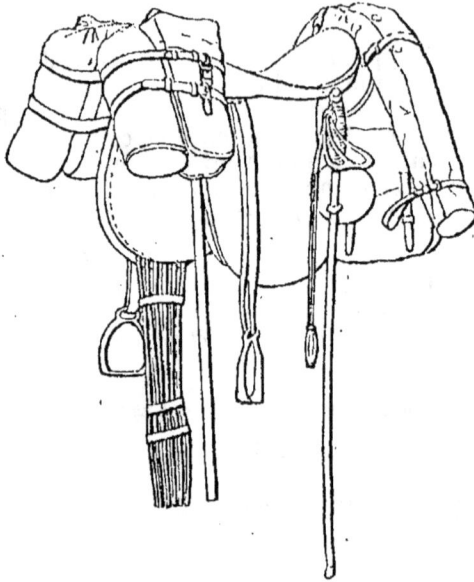

Fig. 1. — Selle d'officier paquetée pour la tenue de campagne.

Facultativement sur les sacoches, *pèlerine* ou *tablier de cheval*, et, sur les pointes d'arçon, un vêtement en caoutchouc en remplacement du manteau d'ordonnance.

5. Lorsque plusieurs chevaux sont affectés à un même officier, le paquetage des chevaux non montés par l'officier comprend :

Un *bridon* ;
Un *licol* avec une *longe en corde* ;
Une *couverture* avec un *surfaix* ;
Une *musette-mangeoire* ;

Et en plus, lorsque le cheval doit être monté par une ordonnance, une *selle* d'un modèle quelconque. Dans ce cas, le bridon peut être remplacé par une *bride* d'un modèle quelconque.

Tous ces effets appartiennent à l'officier et sont fournis par lui.

6. Les officiers de la réserve ou de l'armée territoriale qui ne posséderaient pas de harnachement d'officier recevront, à la mobilisation, un harnachement de selle de troupe [bride avec collier d'attache, selle complète (1) avec sacoches et porte-sabre, couverture, surfaix de couverture et musette-mangeoire] et un étui porte-avoine qui leur seront délivrés par leur corps à charge de remboursement.

Ces officiers ne recevront pas de bissac, mais ils seront autorisés à s'en procurer dans le commerce. Ils se procureront de même les courroies de manteau qui leur seront nécessaires.

III — BAGAGES DE L'OFFICIER

7. Les officiers et assimilés de l'armée active doivent être pourvus dès le temps de paix des *caisses à bagages* dites *cantines* qui sont destinées au transport de leurs effets personnels en campagne.

Les officiers et assimilés de la réserve et de l'armée territoriale qui ne posséderaient pas les caisses à bagages dont ils ont besoin, en recevront à la mobilisation par les soins de leur corps, à charge de remboursement.

Le nombre des caisses à bagages allouées aux officiers ou assimilés des différents grades est indiqué dans le tableau suivant :

Colonel ou lieutenant-colonel	3
Chef d'escadron	2
Capitaine, lieutenant ou sous-lieutenant .	1

Les officiers sont en outre autorisés à emporter en campagne une *couverture de campement*, du poids de 2 kilos au maximum, qui est placée avec l'une des caisses à bagages.

IV — ALIMENTATION EN CAMPAGNE

8. L'officier a droit en campagne aux mêmes vivres que la troupe.

Le nombre des rations allouées par grade pour chaque journée est donné par le tableau ci-dessous, la ration pour

---

(1) Avec une croupière dans l'artillerie de montagne.

chaque espèce de denrée étant la même que celle qui est attribuée à la troupe (1) :

Officier supérieur ou assimilé . . . . . . 3 rations.
Capitaine ou assimilé . . . . 2 —
Lieutenant, sous-lieutenant ou assimilé. 1 ration 1/2.

9. L'officier transporte sur lui, ou dans le paquetage de son cheval, un *repas froid* et *un jour de vivres de réserve*, dans les mêmes conditions que les hommes de troupe avec lesquels il marche.

Le complément de ses vivres de réserve est transporté dans les voitures ou sur les mulets du train de combat de l'unité à laquelle il est rattaché.

10. Il est alloué à chaque état-major et à chaque unité administrative, une ou plusieurs *cantines à vivres*, suivant son effectif en officiers.

CHAPITRE II

TENUE ET PAQUETAGE DE TRAVAIL

I — TENUE DE TRAVAIL

11. La tenue de travail est la tenue portée pour tous les exercices et pour toutes les manœuvres où il n'est pas fait usage de la tenue de campagne (ou de la tenue de route).

Elle est réglée par l'officier qui commande le travail ou l'exercice.

12. En principe, l'officier en tenue de travail a sur lui (2) :

Képi sans jugulaire;
Tunique ample sans pattes d'épaule;

(1) Sauf pour le tabac (Voir *Alimentation en campagne*, nᵒˢ 106 et suivants).
(2) Pour certains travaux, les officiers sont autorisés à porter une *tenue de chantier* (ou *d'atelier*).
Cette tenue comporte des effets de coutil sans aucun attribut de grade, mais le port du képi ou du bonnet de police reste obligatoire. La tenue de chantier autorisée par les chefs de corps ou de service n'est tolérée que sur le chantier même, et l'officier doit être en *tenue de travail* régulière pour s'y rendre comme pour en revenir.

Culotte de drap ;

Bottes à l'écuyère, ou bien *bottines* ou *brodequins* avec *jambières en cuir* ou *bandes molletières ;*

Éperons à la chevalière (pour les officiers montés);

Gants de couleur (chamois foncé ou rouge brun), et, en outre :

Si le sabre doit être pris, d'après les ordres de l'officier qui commande le travail ou l'exercice, *ceinturon* avec *bélière ;*

Pour les exercices à l'extérieur où l'officier peut avoir à s'en servir, *jumelle* et *boussole ;*

Pour les officiers exerçant un commandement qui en comporte l'emploi, *sifflet ;*

Lorsque la température l'exige, *manteau* avec rotonde, en drap gris de fer bleuté (1).

13. Dans le service à pied, le *sabre* avec *dragonne de petite tenue* est porté au ceinturon s'il y a lieu.

Les officiers ne prennent jamais le sabre pour les manœuvres d'artillerie.

14. — Dispositions facultatives.

Pour tous les exercices au cours desquels les officiers n'ont pas à monter à cheval, et en toutes circonstances hors du service, la culotte peut être remplacée par le *pantalon d'ordonnance* porté avec des *bottines éperonnées* (2).

Dans les mêmes circonstances, les officiers montés ou non montés peuvent, avec la *culotte,* faire usage de *jambières en drap* dites *leggins* simulant le bas du pantalon et portées avec des *bottines éperonnées.*

En dehors des revues et des inspections, les officiers en tenue de travail peuvent porter les vêtements suivants :

Vêtement en caoutchouc (manteau, pèlerine ou macfarlane);

Veston noir (en drap, en drap caoutchouté ou en cuir);

Ancien manteau bleu foncé, avec pèlerine mobile;

Pèlerine ;

Pelisse.

À l'intérieur des bureaux, les officiers sont autorisés à porter sous la tunique ample ouverte un *gilet de travail.*

---

(1) Peut être remplacé, en dehors des revues et des inspections, par un des vêtements facultatifs énumérés plus loin.

(2) Si, en dehors du service, un officier monte à cheval en pantalon d'ordonnance, celui-ci doit être muni de sous-pieds. Les leggins ne comportent jamais l'emploi de sous-pieds.

En Afrique, les officiers sont autorisés à porter une *vareuse* et une *culotte* ou un *pantalon* soit *en toile blanche*, soit *en toile kaki*, aux lieu et place des effets similaires en drap, sous la réserve que la tenue ne comporte que des effets d'une même nuance.

En dehors des prises d'armes, ces officiers sont autorisés à faire usage du *casque colonial*.

II — TENUE D'ÉTÉ

15. Pendant la période d'été, aux heures fixées par les commandants d'armes, les officiers sont autorisés à revêtir, en tenue de travail, dans les prises d'armes (lorsque la troupe est elle-même en tenue de treillis), dans les camps et les cantonnements, une tunique et un pantalon (ou culotte) de toile blanche ou coutil de même couleur.

Ils peuvent également, et toujours facultativement, porter le pantalon (ou culotte) de toile blanche ou coutil de même couleur, avec la tunique d'ordonnance, et la culotte d'ordonnance avec la tunique de toile blanche ou coutil de même couleur.

La tunique de toile blanche ou coutil de même couleur est du modèle général, avec col droit, boutons métalliques mobiles, insignes de grade mobiles sur drap identique au drap de la tunique d'ordonnance, écussons mobiles, pas de boutons dans le dos ni aux manches, pas d'attentes sur les épaules.

III — PAQUETAGE DE TRAVAIL DU CHEVAL

15 *bis.* Le paquetage de travail du cheval monté par l'officier comprend normalement :

Selle et bride (on peut faire usage, dans le paquetage de travail, d'un tapis non apparent limité aux contours de la selle; d'une selle quelconque avec ou sans prolongement; de mors de bride d'un modèle facultatif. Le port de la couverture sous la selle est facultatif).

Porte-sabre (s'il y a lieu).

Lorsque des nécessités exigent une dérogation au paquetage ci-dessus, il appartient à l'officier qui commande la manœuvre de fixer le paquetage à prendre.

CHAPITRE III

TENUE DE SORTIE

16. La tenue de sortie est la tenue habituelle en dehors du travail; le commandant d'armes fixe l'heure à partir de laquelle elle doit être prise (1).

17. L'officier, en tenue de sortie, a en principe sur lui :

Képi, sans jugulaire;
Tunique ample, sans épaulettes ni pattes d'épaule;
Pantalon d'ordonnance ;
Bottines d'ordonnance éperonnées ;
Gants blancs ;
Sabre, avec *dragonne en cuir et ceinturon ;*
Manteau d'ordonnance, gris de fer bleuté, lorsque la température l'exige (2);
Aiguillettes, pour les officiers du service d'état-major.

18. — Dispositions facultatives.

En tenue de sortie, les officiers peuvent porter :

En toutes circonstances : la *culotte d'ordonnance* avec jambières en drap dites *leggins* et *bottines éperonnées*, ou avec *bottes d'ordonnance* munies d'éperons *à la chevalière*.

En dehors des revues et inspections, un des vêtements facultatifs suivants :

Vêtement en caoutchouc (manteau, pèlerine ou mac-far-lane);
Veston noir (en drap seulement);
Ancien manteau bleu foncé, avec pèlerine mobile;
Pèlerine ;
Pelisse ;

En été, jusqu'à 7 heures du soir seulement :

Pantalon ou *culotte de coutil ;*

En Afrique, dans les mêmes conditions que pour la tenue de travail, *effets de toile* et *casque colonial.*

---

(1) Le commandant d'armes est laissé libre de régler les détails de la tenue de sortie dans chaque cas particulier, sous réserve d'en rendre compte au général commandant le corps d'armée.
(2) Peut être remplacé, en dehors des revues et des inspections, par un des vêtements facultatifs énumérés plus loin.

19. La tenue du dimanche et des jours fériés est la tenue de sortie avec addition à la tunique des *épaulettes*, et substitution à la dragonne en cuir de la *dragonne de grande tenue*.

Toutefois, les officiers ne prennent pas les épaulettes lorsqu'ils portent un manteau.

CHAPITRE IV

GRANDE TENUE ET PAQUETAGE DE PARADE

I — GRANDE TENUE

20. La grande tenue se prend quand elle est indiquée par les règlements ou par l'ordre.

Quand elle est ordonnée pour la journée, elle est portée à partir de 14 heures.

21. A pied, l'officier a sur lui :

Képi de grande tenue avec *plumet* ou *aigrette*, sans jugulaire ;

Tunique ample avec *épaulettes ;*

Pantalon d'ordonnance (1) ;

Bottines d'ordonnance éperonnées ;

Gants blancs ;

Sabre avec *dragonne de grande tenue* et *ceinturon ;*

Manteau d'ordonnance gris de fer bleuté, lorsque la température l'exige (2) ;

Aiguillettes et *brassard*, pour les officiers du service d'état-major (3) ;

A cheval, l'officier a la même tenue qu'à pied, sauf qu'il porte :

Culotte d'ordonnance ;

Bottes d'ordonnance avec *éperons à la chevalière.*

22. En dehors du service, les officiers sont autorisés, lorsque la température le comporte, à prendre l'ancien manteau bleu foncé, avec pèlerine mobile, ou la pèlerine.

---

(1) Si l'ordre en est donné, les officiers montés peuvent être en culotte d'ordonnance et bottes avec éperons.

(2) Lorsque les officiers portent le manteau, la grande tenue ne comporte pas les épaulettes.

(3) Le brassard n'est pas porté dans les réceptions non officielles, dîners, représentations, etc.

II — PAQUETAGE DE PARADE

23. Le paquetage de parade du cheval monté par l'officier comprend :

La *bride d'ordonnance*, sans licol ;

Le *tapis de selle*, avec ou sans couverture ;

La *selle d'ordonnance*, avec les *sacoches* vides et non munies de leurs courroies, avec la *longe-poitrail*, mais sans bissac.

Le *porte-sabre* avec le *sabre* muni de la *dragonne de grande tenue*.

Le *manteau* d'ordonnance, gris de fer bleuté, placé sur les pointes d'arçon de la même manière que celui de la troupe, et protégé facultativement par un étui en toile noire caoutchoutée.

CHAPITRE V

RÈGLES GÉNÉRALES
RELATIVES A LA TENUE DES OFFICIERS (1)

---

24. Tenue. — La tenue doit toujours être strictement réglementaire.

Les officiers doivent toujours être gantés et entièrement boutonnés.

Les chaînes de montre, les médailles apparentes sont interdites.

Sous les armes, le port du stick, cravache ou de toute arme non réglementaire, est absolument proscrit.

25. Visites. — Réceptions. — La grande tenue est de rigueur pour les réceptions (2) et les bals chez le président de la République, les présidents des Chambres et du Conseil des Ministres, les ministres et sous-secrétaires d'État, le Grand Chancelier de la Légion d'honneur.

Elle est prise dans les autres cérémonies officielles, soit en conformité du règlement sur le service de place ou du décret relatif aux honneurs, soit lorsque l'ordre en est donné.

---

(1) Voir au *B. O., É. M.*, volume n° 97, les prescriptions relatives à la tenue des officiers visant spécialement : les officiers de la réserve et de l'armée territoriale, les officiers en congé de longue durée, en non-activité, en réforme, en retraite ou démissionnaires.

(2) Dans les autres réceptions et dans les bals, les officiers prennent la tenue du dimanche.

Les *visites de corps* se font en grande tenue; toutefois, le lendemain de l'arrivée et la veille du départ d'un corps de troupe, elles se font en *tenue de route*.

Les visites officielles aux officiers des marines étrangères se font en *grande tenue* (art. 134 du décret sur le service de place du 7 octobre 1909).

Les visites individuelles se font *toutes en tenue de sortie ;* seules, les visites qui ont un caractère personnel ou de relations du monde peuvent être faites en habits bourgeois.

A l'intérieur des corps de troupe, les visites sont faites conformément aux prescriptions de l'article 165 du décret du 25 mai 1910 sur le service intérieur.

26. Insigne de service. — Est constitué par le port de la jugulaire sous le menton. N'est porté que dans les cas déterminés par les règlements et instructions en vigueur.

27. Décorations. — Les décorations se portent sur le côté gauche de la poitrine à la hauteur de la deuxième rangée de boutons, dans l'ordre de droite à gauche :

Légion d'honneur;
Médaille militaire;
Médailles commémoratives;
Décorations universitaires;
Décorations du Mérite agricole;
Médailles d'honneur;
Décorations étrangères.

Les *insignes à l'effigie de la République doivent présenter la face sur laquelle se trouve l'effigie.*

Sur l'uniforme, dans toutes les tenues, le port des rubans ou rosettes, seuls, à la boutonnière, est formellement interdit.

28. Deuil. — Les officiers qui sont en deuil de famille peuvent porter un crêpe au bras gauche.

Le *deuil militaire* se porte par un crêpe au sabre ou à l'épée.

29. Tenue aux obsèques. — La *tenue de sortie* est obligatoire pour tous les officiers assistant à des obsèques en dehors des cas de convocation officielle indiquant que la *grande tenue* est de rigueur. Toutefois, les officiers faisant partie de la famille peuvent prendre la *grande tenue.*

30. Officiers nouvellement promus. — Ils peuvent porter les insignes de leur nouveau grade dès que le décret de promotion a paru au *Journal officiel* de la République française (1).

_____

(1) Les officiers nommés pour prendre rang d'une certaine date ne peuvent porter les insignes de leur nouveau grade qu'à partir de ce jour.

31. Officiers détachés de leur corps ou service. — Les officiers détachés de leur corps à titre permanent dans les différents services qui ne comportent pas un uniforme spécial, conservent tout le temps qu'ils passent dans cette position la tenue du corps dont ils faisaient partie au moment de leur mutation.

Le numéro est remplacé par une grenade, sauf lorsque le service comporte un autre insigne spécial.

Les officiers détachés dans d'autres corps pour y accomplir des stages conservent la tenue de leur corps.

32. Officiers en permission ou en congé. — Les officiers en congé ou en permission dans une ville de garnison doivent porter la tenue prescrite dans la garnison où ils se trouvent en position d'absence.

33. Officiers conduisant une automobile, un ballon ou un aéroplane. — Sont autorisés à revêtir les accessoires de vêtement indispensables dans ces genres de sport, et, en temps de paix, à ne pas prendre d'armes.

34. Tenue des officiers paraissant en justice. — Les officiers paraissant devant la justice civile ou militaire, soit comme témoins, soit comme experts, doivent quitter leurs armes avant de déposer. Ils sont soumis à la même obligation s'ils assistent à l'audience comme simples curieux.

35. Port de l'uniforme à l'étranger. — L'uniforme ne peut être porté à l'étranger que dans le cas de mission régulière et en conformité des instructions ministérielles.

Les officiers dans d'autres situations qui désirent assister en tenue à une cérémonie célébrée à l'étranger doivent s'adresser au représentant diplomatique de la France, qui peut leur accorder, au nom du ministre de la Guerre, l'autorisation nécessaire.

36. Habits bourgeois. — En dehors du service, les officiers sont autorisés à porter la tenue bourgeoise.

TITRE II

ADJUDANTS-CHEFS, ADJUDANTS
ET ASSIMILÉS

I — TENUE

37. En principe, les adjudants-chefs, adjudants et assimilés de l'armée active se procurent à leurs frais les effets d'habillement et d'équipement qui leur sont nécessaires. Ils reçoivent toutefois à titre gratuit le *manteau* (1) et un *sac à avoine*.

L'armement (*sabre de cavalerie légère* et *revolver*) leur est toujours fourni à titre gratuit.

Dans ces conditions, et en se conformant aux indications du *B. O., É. M.*, vol. n° 104, les *adjudants-chefs* et *adjudants* portent une tenue analogue à celle des officiers d'artillerie (2), les *médecins auxiliaires* une tenue analogue à celle des médecins militaires, les *vétérinaires auxiliaires* une tenue analogue à celle des vétérinaires militaires.

38. Les dispositions de l'Instruction du 3 novembre 1910 relatives aux tenues des officiers et paquetages de leurs chevaux ne sont applicables ni aux adjudants-chefs ni aux adjudants, en ce qui concerne les effets facultatifs.

Ces sous-officiers sont cependant autorisés à faire pratiquer à leur tunique de deuxième tenue quatre poches extérieures à pattes et à revêtir la tenue d'été comme les officiers.

En temps de paix, ils ne sont pas tenus au port de la *jumelle ;* ceux qui sont affectés à une batterie en recevront une, à titre gratuit, au moment de la mobilisation. Dans le service, les médecins auxiliaires portent un brassard de la Convention de Genève qui leur est remis par les soins du Service de Santé.

---

(1) Manteau d'ordonnance gris de fer bleuté pour les adjudants-chefs, adjudants et assimilés de l'artillerie de campagne ou de montagne; manteau avec pèlerine mobile en drap bleu foncé pour les adjudants-chefs, adjudants et assimilés de l'artillerie à pied.

Toutefois, ceux des adjudants-chefs et adjudants de l'artillerie de campagne ou de montagne qui, antérieurement à l'adoption du manteau gris de fer bleuté, auraient été dotés du manteau avec pèlerine, porteront ces effets jusqu'à usure complète.

(2) La jumelle et la boussole sont facultatives.

39. Les adjudants-chefs, adjudants et assimilés appartenant à la réserve ou à l'armée territoriale qui ne seraient pas possesseurs d'une tenue, recevront gratuitement au moment des appels ou à la mobilisation, une tenue de sous-officier d'artillerie munie des galons de grade, et, s'il y a lieu, des attributs spéciaux réglementaires.

A la mobilisation, ils toucheront en même temps tous les accessoires d'équipement et d'habillement réglementaires pour la troupe. Les effets et accessoires nécessaires sont prévus dans les collections de la réserve de guerre des unités, pour tous les adjudants-chefs, adjudants et assimilés n'appartenant pas à l'armée active.

II — PAQUETAGE DU CHEVAL

40. Les adjudants-chefs, adjudants et assimilés, lorsqu'ils doivent être montés, touchent un *harnachement de selle de troupe.*

Ils se conforment pour la confection du paquetage de leur cheval aux prescriptions relatives au paquetage des autres chevaux de selle de leur unité.

Toutefois, pour le **paquetage de campagne,** ils chargent à leur convenance les sacoches, sous la réserve d'y placer la *musette-mangeoire,* le *surfaix* et la *chaîne d'attache* de leur cheval, leur *sac à avoine,* et, dans les conditions où la troupe elle-même les transporte, leurs *vivres de réserve* et un *repas froid.*

III — BAGAGES

41. Au moment de la mobilisation, les adjudants-chefs, adjudants et assimilés reçoivent, à titre gratuit pour le transport de leurs effets personnels, une *caisse à bagages* et, en outre, un *havresac* (artillerie à pied) ou un *sac d'homme monté* (artillerie de campagne ou de montagne).

IV — ALIMENTATION EN CAMPAGNE

42. En campagne, les adjudants-chefs, adjudants et assimilés sont traités pour l'alimentation comme les hommes de troupe; ils reçoivent les mêmes rations.

A la mobilisation, ils sont pourvus, à titre gratuit, d'une *gamelle individuelle.*

TITRE III

TROUPE

CHAPITRE I

TENUE ET PAQUETAGE DE CAMPAGNE

ARTICLE I

TENUE DE CAMPAGNE

I — TENUE DE CAMPAGNE ET TENUE DE ROUTE

43. La *tenue de campagne* est portée par la troupe en toutes circonstances en campagne.

Elle se porte à l'intérieur pour les manœuvres hors de la garnison, pour les exercices d'embarquement en chemin de fer, pour les marches, pour les routes et, lorsque l'ordre en est donné, pour certaines prises d'armes.

Toutefois, pour les marches, routes et manœuvres à l'intérieur, le chef de corps peut prescrire une tenue de campagne simplifiée qui prend le nom de *tenue de route* (suppression des vivres, des cartouches, de la plaque d'identité, du paquet individuel de pansement, etc.).

II — RÉPARTITION DU PERSONNEL DES UNITÉS DE L'ARTILLERIE EN HOMMES MONTÉS ET EN HOMMES NON MONTÉS

44. Les hommes des unités de l'artillerie peuvent être habillés et équipés en **hommes montés** ou en **hommes non montés**. Dans les unités sur pied de guerre, ils se répartissent de la manière suivante entre ces deux catégories :

1° **États-majors d'artillerie de campagne** autres que ceux des groupes de batteries à cheval, **batteries montées, colonnes légères, sections de munitions** (1) **et sections de parc de campagne:**

Hommes montés : les sous-officiers, les brigadiers (sauf

---

(1) Y compris les échelons sur roues des sections de munitions de montagne.

/

infirmiers et brancardiers), les maréchaux ferrants, les trompettes, les ordonnances d'officiers, les plantons à cheval et tous les conducteurs.

Hommes non montés : les maîtres pointeurs, les ouvriers en bois et en fer, les bourreliers, les infirmiers et brigadiers infirmiers, les brancardiers et brigadiers brancardiers, les servants, les secrétaires et les bouchers.

2° États-majors des groupes de batteries à cheval, batteries à cheval, sections de grand parc et sections de parc affectées aux places ou disponibles :

Hommes montés : la totalité du personnel.

3° Unités alpines, c'est-à-dire : batteries de montagne et colonnes muletières de munitions en France et en Corse :

Hommes montés : les sous-officiers et brigadiers pourvus d'un cheval de selle d'après les tableaux d'effectifs de guerre.

Hommes non montés : le restant du personnel, y compris les ordonnances d'officiers.

4° Batteries de montagne et colonnes muletières de munitions en Afrique :

Hommes montés : les sous-officiers, les fourriers, les maréchaux ferrants et les trompettes.

Hommes non montés : le restant du personnel, y compris les ordonnances d'officiers.

5° Batteries à pied, compagnies et sections d'ouvriers (1), équipes de réparations :

Hommes non montés : la totalité du personnel, y compris les ordonnances d'officiers.

15. Les **vélocipédistes,** régulièrement affectés aux divers états-majors par les tableaux d'effectifs de guerre, reçoivent la tenue spéciale fixée par les instructions ministérielles (Voir *B. O.,* É. M., vol. n° 105).

III — BASES DE L'ARMEMENT
DU PERSONNEL
DES UNITÉS DE L'ARTILLERIE

16. En tenue de campagne, les hommes des unités de l'artillerie sont armés conformément aux indications du tableau ci-après :

(1) Les hommes des compagnies d'ouvriers et des sections d'ouvriers de place, de grand parc ou de station-magasin se conforment, pour la tenue et le paquetage de campagne, à ce qui est prescrit pour les unités d'artillerie à pied. Ceux des sections de parc d'artillerie de corps d'armée ou des équipes de réparations se conforment à ce qui est prescrit pour les unités d'artillerie de campagne.

DÉSIGNATION DU PERSONNEL.	SABRE DE cavalerie légère (b).	REVOLVER.	MOUSQUETON avec sabre-baïonnette.	MOUSQUETON sans sabre-baïonnette.	SABRE BAÏONNETTE série Z
1	2	3	4	5	6
1° Sous-officiers :					
Adjudants-chefs, adjudants, médecins et vétérinaires auxiliaires (a).	1	1	//	//	//
Maréchaux des logis chefs et assimilés..................	1	1	//	//	//
Maréchaux des logis montés.....	1	1	//	//	//
Maréchaux des logis non montés..	//	(c) 1	1	//	//
2° Brigadiers et canonniers :					
a) HOMMES MONTÉS.					
Hommes pourvus d'un cheval de selle....................	1	1	//	//	//
Hommes pourvus d'un attelage (à la Daumont ou en guides).....	//	1	//	//	//
Hommes non pourvus d'un cheval ou d'un attelage. / Autres hommes. / Ordonnances d'officiers.	//	1	//	//	//
Batteries et colonnes légères.....	//	1	//	//	//
Sections de munitions ou de parc de toute nature......	//	//	1	//	//
b) HOMMES NON MONTÉS :					
Ordonnances d'officiers montés...	//	1	//	//	//
Tous les autres hommes non montés........................	//	//	1	//	//
3° Vélocipédistes :					
Vélocipédistes prévus par les tableaux d'effectifs de guerre....	//	//	//	1	//

Les vélocipédistes supplémentaires (non prévus par les tableaux d'effectifs de guerre) conservent l'armement normal défini ci-dessus, au 2°.

(a) Les sous-chefs de musique ont le même armement que les adjudants ; les ouvriers d'état, chefs armuriers et gardiens de batterie portent l'épée à la place du sabre.

(b) Les fourreaux des sabres sont munis, en campagne, d'une gaine en toile cachou.

(c) Dans l'artillerie de montagne seulement.

DÉSIGNATION DU PERSONNEL.	SABRE DE cavalerie légère (a).	REVOLVER.	MOUSQUETON avec sabre-baïonnette.	MOUSQUETON sans sabre-baïonnette.	SABRE-BAÏONNETTE série L.
1	2	3	4	5	6

4° Personnel neutralisé :

En cas de guerre avec une puissance signataire de la Convention de Genève, le personnel attaché au service de santé spécifié ci-après reçoit un armement spécial.

Dans tout autre cas, en particulier hors d'Europe, ce personnel conserve l'armement normal indiqué ci-dessus, au 2°.

DÉSIGNATION DU PERSONNEL.	SABRE DE cavalerie légère (a).	REVOLVER.	MOUSQUETON avec sabre-baïonnette.	MOUSQUETON sans sabre-baïonnette.	SABRE-BAÏONNETTE série L.
Infirmiers pourvus d'un cheval de selle....................	1	//	//	//	//
Infirmiers non pourvus d'un cheval et brancardiers (brigadiers compris).....................	//	//	//	//	1
Conducteurs de mulets de cantines médicales..................	//	//	//	//	1

(a) Les fourreaux des sabres sont munis, en campagne, d'une gaine en toile cachou

IV — NOMENCLATURE DES EFFETS CONSTITUANT LA TENUE DE CAMPAGNE DES HOMMES DE TROUPE DE L'ARTILLERIE.

47. En principe, en tenue de campagne, les hommes de troupe de l'artillerie portent sur eux les effets ci-après :

DÉSIGNATION DES EFFETS.	HOMMES MONTÉS.			HOMMES NON MONTÉS.			Vélocipédistes (5).	OBSERVATIONS.
	Sous-officiers (1). Hommes d'un cheval de selle.	Hommes pourvus d'un attelage (2).	Hommes non pourvus d'un cheval ou d'un attelage (3).	Adjudants-chefs, adjudants, maréchaux des logis chefs et assimilés (1).	Maréchaux des logis, brigadiers et canonniers.	Ordonnances d'officiers montés (4).		
1	2	3	4	5	6	7	8	9
Plaque d'identité avec cordon	1	1	1	1	1	1	1	
Paquet individuel de pansement	1	1	1	1	1	1	1	En campagne seulement.
Habillement.								
Culotte	1 (a)	1	1	»	»	»	1 (b)	
Pantalon d'ordonnance	1 (c)	»	»	1	1	1	1 (d)	Muni, s'il y a lieu, des insignes d'emploi.
Veste (galonnée pour les gradés)	1	1	1	1	1	1	»	Avec boutons d'artillerie.
Vareuse dolman (galonnée pour les gradés)	»	»	»	»	»	»	1	Avec boutons d'artillerie (vélocipèdes en drap ou brodés en fils d'or) aux revers du collet.
Képi (béret pour les alpins)	1	1	1	1	1	1	1	
Chaussures.								
Brodequins (paire de)	1	1	1	1	1	1	1	(a) Unités alpines exceptées.
Jambières en cuir pour troupes à cheval (paire de)	1 (a)	1	1	»	»	»	»	(b) Avec fond rapporté ; dans les groupes de batteries à cheval seulement.
Petit équipement.								(c) Unités alpines seulement (6).
Ceinture de flanelle	1 (a)	1	1	1	1 (a)	1 (a)	1	(d) Avec fond rapporté ; dans les groupes de batteries à cheval excepté.
Caleçon	1	1	1	1	1	1	1	
Chemise en flanelle de coton	1	1	.	1	1	1	1	
Bretelles de pantalon (paire de)	1	1	1	1	1	1	1	
Cravate	1	1	1	1	1	1	1	

(1) Pour la tenue des adjudants-chefs, adjudants et assimilés, voir le titre II.
(2) Conducteurs à la limonière ou en guides.
(3) Ordonnances montés des officiers pourvus de plusieurs chevaux compris.
(4) Les ordonnances des officiers non montés de l'artillerie à pied sont habillés, équipés et armés comme les autres canonniers non montés.
(5) Seuls, les vélocipédistes prévus par les tableaux d'effectifs de guerre reçoivent la tenue fixée dans cette colonne. (En temps de paix, cette tenue n'est portée que par les hommes définitivement affectés comme vélocipédistes, et convoqués pour les manœuvres d'automne). — Les vélocipédistes supplémentaires employés soit en campagne, soit en temps de paix, conservent la tenue et l'équipement des autres canonniers ; ils reçoivent seulement une paire de bandes molletières qu'ils portent avec un pantalon (ou une culotte) muni d'un fond rapporté. Exceptionnellement, en temps de paix, les hommes employés comme vélocipédistes peuvent recevoir les effets spéciaux dont il y a lieu d'assurer le renouvellement.
(6) Les hommes montés des unités alpines font usage du pantalon d'ordonnance avec bandes molletières en remplacement de la culotte avec jambières en cuir. Ils portent sur leurs brodequins des éperons à la chevalière.

DÉSIGNATION DES EFFETS.	HOMMES MONTÉS.			HOMMES NON MONTÉS.				OBSERVATIONS.
	Sous-officiers (1). Hommes pourvus d'un cheval de selle.	Hommes pourvus d'un attelage (2).	Hommes non pourvus d'un cheval ou d'un attelage (3).	Adjudants-chefs, adjudants, maréchaux-des-logis chefs et assimilés (4).	Maréchaux des logis, brigadiers et caporaux.	Ordonnances (5).	vélocipédistes (5).	
1	2	3	4	5	6	7	8	9
Mouchoir de poche	1	1	1	1	1	1	1	En *Afrique* seulement.
Couvre-nuque, en coton (7)	1	1	1	1	1	1	1	
Bandes molletières (paire de)	1 (e)	"	"			1 (e)		(e) Voir observation e, page 25.
Ceinture de laine	1 (e)	1 (e)	1 (e)	1 (e)	1 (e)	1 (e)		(e) Pour tous les hommes en *Afrique*; en France, pour les hommes des unités alpines seulement.
Jersey	1 (e)	"	"	"	1 (e)	1 (e)		(f) *Conducteurs à la daumont seulement.*
Éperons à la chevalière (paire de)	1	1	1	"	"	"		(g) *Conducteurs de voitures de bât seulement.*
Brides d'éperons à la chevalière (paire de) .	1	1	1	"	"	"		(h) *Hommes montés non pourvus d'un cheval ou d'un attelage et non affectés comme ordonnances à un officier, dans les sections de munitions et les sections de parc de toute nature.*
Sous-pieds d'éperons à la chevalière (paire de)	1	1	1	"	"	"		
Étui-musette	1	1	1	"	"	1	1	(i) *Infirmiers, brancardiers et conducteurs de mulets de voitures médicales exceptés, en cas de guerre avec une puissance signataire de la Convention de Genève.*
Cuiller	1	1	1	1	1	1	1	
Quart	1	1	1	1	1	1	1	(j) *Hommes visés au renvoi (h), ci-dessus en cas de guerre avec une puissance signataire de la Convention de Genève, infirmiers équipés en hommes montés et non pourvus d'un cheval.*
Fouet............................	"	1 (f)	"	"	1 (g)	"	"	(k) *Infirmiers équipés en hommes montés et pourvus d'un cheval exceptés, en cas de guerre avec une puissance signataire de la Convention de Genève.*
Campement.								(l) *Pour tous les ordonnances d'officiers; pour les autres hommes montés non pourvus d'un cheval ou d'un attelage, seulement dans les batteries et colonnes légères.*
Petits bidons { de 1 litre (de 2 lit. en Afrique) avec enveloppe et courroie..	1	1	1	1	1	1	"	(n') *Maréchaux des logis non montés de l'artillerie de montagne seulement.*
de cavalerie, à quart adhérent, avec enveloppe et courroie...	"	"	"	"	"	"	1	
Grand équipement.								
Bretelle de carabine en cuir fauve.......	"	"	"		"	"		
Bretelle de mousqueton..............	"	"	1 (h)	"	1 (i)	"	1	
Cartouchières d'artillerie.............	"	"	1 (h)	"	1 (i)	"		
Cartouchière de cavalerie.............	"	"	2 (h)	"	2 (i)	"		
Courroie ceinture...................	"	"	"	"	"	"	1	
Ceinturon d'homme non monté........	"	"	1 (j)	"	1	"	"	
Ceinturon d'homme monté (8).........	1	"	"	1	"	"		
Dragonne de sabre..................	"	"	1	"	1	"		
Étui de revolver, avec banderole et courroie de ceinture (8)	1 (k)	1	1 (l)	1	1 (n')	"		

(1) Voir note 1, page 24.
(2) Voir note 2, page 24.
(3) Voir note 3, page 24.
(4) Voir note 4, page 24.

(5) Voir note 5, page 24.
(7) En temps de paix, le couvre-nuque est utilisé en France pour les marches et manœuvres pendant la saison chaude.
(8) Uniformément en cuir fauve, du modèle de la troupe.

DÉSIGNATION DES EFFETS.	HOMMES MONTÉS.			HOMMES NON MONTÉS.			Vélocipédistes (5).	OBSERVATIONS.
	Sous-officiers (1). Hommes pourvus d'un cheval de selle (2).	Hommes pourvus d'un attelage (3).	Hommes non pourvus ou d'un attelage (4).	Adjudants-chefs, adjudants, maréchaux des logis chefs et maîtrises (1).	Maréchaux des logis, brigadiers et canonniers.	Ordonnances d'officiers montés (4).		
1	2	3	4	5	6	7	8	9
Lanière de revolver............	1 (k)	1	1 (l)	1	//	1	//	(k) Voir observation k, page 27.
Havresac avec le paquetage de l'homme (g) (pour mémoire)............	//	//	//	1	1 (m)	1 (n)	//	(l) Voir observation l, page 27.
Armement.								(h) Voir observation h, page 27.
Mousqueton............	//	//	1 (h)	//	1 (i)	//	1	(i) Voir observation i, page 27.
Sabre-baïonnette de mousqueton........	//	//	1 (h)	//	1 (i)	//	//	(m) Seulement dans l'artillerie de montagne (sous-officiers et infirmiers exceptés) et dans l'artillerie à pied (infirmiers exceptés).
Cartouches de mousqueton ou chargeurs..	//	//	12 (h)	//	12 (i)	//	12	(n) Artillerie à pied seulement.
Sabre-baïonnette série Z............	//	//	1 (o)	//	1 (o)	//	//	(o) Infirmiers, brancardiers et conducteurs de mulets de cantines médicales seulement, en cas de guerre avec une puissance signataire de la Convention de Genève.
Sabre de cavalerie légère............	//	//	//	1 (o¹)	//	//	//	(o¹) Le fourreau muni d'une gaine en toile cachou.
Revolver............	1 (k)	1	1 (l)	//	1 (i)	1	//	(p) Distribué par les soins du service de santé à tout le personnel neutralisé par la Convention de Genève (médecins, ordonnances des médecins, infirmiers, brancardiers, conducteurs de voitures médicales, de petites voitures pour blessés ou de mulets de cantines médicales).
Cartouches de revolver............	12 (k)	12	12 (l)	12	12 (i)	12	//	(p¹) Vaguemestres seulement.
Effets divers.								
Brassard de la Convention de Genève....	1 (p)	1 (p)	1 (p)	//	1 (p)	1 (p)	//	Avec les attributs spéciaux et numéros réglementaires. (Voir B. O. E. M., vol. 105¹.)
Brassard de vélocipédiste............	//	//	//	//	//	//	1	(q) Les adjudants-chefs et adjudants affectés à une batterie reçoivent une jumelle à la mobilisation. Tous les sous-officiers d'artillerie sont autorisés à en porter une, d'un modèle facultatif, en temps de paix. Ils en reçoivent momentanément une en campagne si les commandants de batterie le jugent utile.
Sacoche de vélocipédiste ou de vaguemestre............	1 (p¹)	//	//	//	//	//	1	(r) Maréchaux des logis chefs des unités d'artillerie de campagne et de montagne seulement.
Jumelle............	1 (q)	//	//	//	1 (q)	//	//	S'il y a lieu, aux hommes désignés parmi le personnel attaché au service de santé.
Sacoche de maréchal des logis chef, du modèle de la cavalerie (10)........	1 (r)	//	//	//	//	//	//	(s) Trompettes seulement.
Trompette avec cordon tricolore (avec courroie dans les unités territoriales)...	1 (s)	//	//	//	1 (s)	//	//	S'il y a lieu, aux hommes désignés pour transporter ces accessoires.
Sac d'infirmier, rouleau de secours, etc. (Accessoires du service de santé).....	//	//	//	//	//	//	//	(r') Maréchaux des logis non montés de l'artillerie de montagne seulement.
Télémètre, matériel microtéléphonique, théodolite, etc. (Accessoires divers du matériel d'artillerie)............	//	//	//	//	//	//	//	

(1) Voir note 1, page 24.
(2) Voir note 2, page 24.
(3) Voir note 3, page 24.
(4) Voir note 4, page 24.
(5) Voir note 5, page 24.

(g) Dans l'artillerie de campagne, le havresac est toujours porté sur les voitures. Le havresac est muni d'une grande courroie de charge et de deux courroies supérieures de capote; ces courroies sont du type de l'année ou d'Afrique, suivant le cas.

(10) Cette sacoche se porte, soit pendue au ceinturon à droite, soit sur les arçons de la selle, une des courroies s'engageant dans les passants fixés à la face postérieure de la sacoche.

NOTA.— Constitution des approvisionnements en effets d'habillement, d'équipement et de campement nécessaires pour la mobilisation.

1° Effectif de paix. — Chaque batterie existant en temps de paix doit posséder les effets nécessaires pour doter, à la mobilisation, de la tenue de campagne qui correspond à son grade ou à son emploi en temps de guerre, chaque homme de son effectif de paix, fixé par la loi des cadres ou une décision ministérielle spéciale (1).

Certains de ces effets peuvent compter à la collection n° 2 ou d'extérieur, ils doivent être très bons.

Les autres comptent à la collection n° 1 ou de guerre; ils sont neufs et ne sont, en principe, remis aux hommes que pour les exercices de mobilisation et certaines revues passées en tenue de campagne.

En ce qui concerne les hommes montés de l'effectif de paix, on doit admettre, pour la constitution de ces collections, qu'ils seront tous à la mobilisation pourvus d'un cheval de selle ou d'un attelage, sauf les ordonnances des officiers de la batterie (2), et, dans les batteries à cheval, les bourreliers, un des ouvriers de batterie et un des aides-maréchaux ferrants.

La réserve de guerre de chaque unité contient en effet toutes les autres collections d'effets pour hommes montés non pourvus d'un cheval ou d'un attelage, nécessaires à la mise sur pied de guerre de l'unité.

2° Réserve de guerre. — L'État entretient dans le magasin commun de chaque corps, une réserve de guerre destinée à parer aux besoins généraux d'une mobilisation pour toutes les unités formées par ce corps. Elle comprend les effets d'habillement, de grand et de petit équipement, et de campement nécessaires à chaque unité, active ou territoriale, mobilisée par le corps, pour assurer sa mise sur pied de guerre, compte tenu des hommes de l'effectif de paix qu'elle doit normalement recevoir, ainsi que du personnel des états-majors qui doivent lui être rattachés (3).

---

(1) L'effectif de paix est au besoin porté à sa composition normale, au moment de la mobilisation, à l'aide de réservistes qui remplacent les hommes non mobilisables, les hommes détachés qui ne rejoignent pas leur unité, les ordonnances versés dans des états-majors ou passés à d'autres unités, à la suite de leurs officiers, ou qui comblent les déficits existant à ce moment dans le personnel de l'unité.

(2) Les ordonnances des officiers, autres que ceux de la batterie, suivent leurs officiers en cas de mobilisation. Ils sont habillés, à l'aide des collections, de la réserve de guerre de l'unité ou de l'état-major qu'ils rejoignent.

(3) La réserve de guerre de chaque unité comprend, en outre, pour chaque officier, des sachets à pain de guerre et un sachet à vivres collectifs, qui lui sont délivrés à titre remboursable, à la mobilisation. — L'armement de complément nécessaire à chaque unité est conservé dans des magasins spéciaux.

Tous les effets de la réserve de guerre sont des effets neufs. Il est formellement interdit de les mettre en service.

Les effets d'habillement de la réserve de guerre sont tous en drap de soldat, même lorsqu'ils sont destinés à des sous-officiers. Après distribution, ils sont munis, s'il y a lieu, des insignes de grade ou d'emploi que doivent porter leurs détenteurs. Les galons et attributs nécessaires sont joints aux lots d'effets.

Les lots d'effets de la réserve de guerre, sont, en principe, constitués séparément pour chaque unité.

V — MANIÈRE DE PORTER ET D'AJUSTER LES EFFETS

48. Linge. — La ceinture de flanelle se porte directement sur le ventre.

La ceinture de laine se porte par-dessus la chemise et au-dessous du caleçon.

Le jersey se porte au-dessus de la chemise et de la ceinture de laine et au-dessous du caleçon et des effets de drap.

Les bretelles soutiennent le pantalon ou la culotte de manière à leur faire légèrement toucher l'entrejambe.

La cravate, convenablement pliée dans sa longueur, est placée sur le col de la chemise de manière à faire deux tours; elle revient s'attacher devant par un nœud plat dont les pans sont cachés par le vêtement. Elle ne doit ni comprimer le cou, ni laisser apercevoir la chemise, ni dépasser le collet de la veste de plus d'un centimètre (1).

La plaque d'identité est suspendue au cou de l'homme, sous la chemise.

49. Vêtements de drap et coiffure. — La culotte monte de manière à toucher l'entrejambe sans gêner et à bien emboîter les hanches; l'ampleur du fond et la largeur des cuisses sont telles que les mouvements de l'homme ne puissent être gênés, en particulier lorsqu'il met le pied à l'étrier pour monter à cheval. La culotte est collante dans sa partie inférieure jusqu'au-dessous du genou. Les poches en sont toujours boutonnées.

Le pantalon d'ordonnance, lorsque l'entrejambe touche sans gêner, monte de manière à bien emboîter les hanches; l'ampleur du fond est suffisante pour que tous les mouvements de l'homme soient aisés. En l'absence des petites jambières ou des bandes molletières, le pantalon tombe droit sur le cou-de-pied, sans y former de plis, et descend

---

(1) Il est bon de maintenir la cravate, de chaque côté du cou, par une épingle de sûreté fixée au col de la chemise. Une troisième épingle fixe les extrémités libres de la cravate.

par derrière, à 5 centimètres de terre. Les poches en sont toujours boutonnées.

La **veste,** sans être trop ample, doit permettre l'aisance des mouvements, même lorsque l'homme la porte avec le jersey ou avec un gilet de tricot. Elle doit descendre à 15 centimètres au-dessous des pointes des hanches. Le collet doit recevoir facilement la cravate, sans gêner l'homme.

La **vareuse-dolman** est ajustée comme la veste, mais elle descend à 26 centimètres au-dessous des pointes des hanches.

Le **paquet individuel de pansement** est porté en campagne dans la poche intérieure droite de la veste ou de la vareuse. Cette poche ne devra sous aucun prétexte recevoir d'autres objets; son bord libre sera fermé par une couture à points très espacés faite par chaque homme après la distribution des paquets.

Le **brassard** se boucle sur le bras gauche; il est maintenu sur le vêtement au moyen d'une bride en drap du fond, doublée en même drap, cousue sur chacun des côtés de la manche.

Le **képi,** placé droit et d'aplomb, emboîte complètement la tête; le dessus est rentré très régulièrement sur tout son pourtour. La **jugulaire,** lorsqu'elle est mise sous le menton, touche le visage, en arrière des joues, sans serrer ni être flottante; lorsqu'elle repose sur la visière, elle doit être appliquée contre le bandeau.

Le **couvre-nuque,** complet en deux morceaux, se porte de la manière suivante : la **coiffe,** fixée aux boutons du képi par ses deux boutonnières, est serrée sur le bandeau à l'aide de la coulisse; la **partie flottante,** également fixée aux boutons du képi par ses deux boutonnières, est serrée sur le bandeau à l'aide des tresses de serrage nouées au-dessus de la visière; ses trois agrafes sont accrochées aux brides de la coiffe. (La partie flottante peut se porter seule; l'agrafe du milieu s'accroche alors à une bride cousue sur la partie postérieure du bandeau du képi.) Lorsque l'homme n'utilise pas son couvre-nuque, il le porte dans la poche intérieure de gauche de sa veste ou de sa vareuse.

Le **béret** ne serre que faiblement le tour de tête. Aux manœuvres et en campagne, on lui donne une forme et une position qui varient avec les circonstances atmosphériques; en garnison, le béret déborde en avant, et on l'incline légèrement sur l'oreille gauche.

50. Chaussures. — Les **brodequins** ont une longueur et une largeur telles que l'homme s'y trouve parfaitement à l'aise. Aux manœuvres, pendant les routes et en campagne, le cuir est entretenu uniquement à la graisse.

Les **jambières en cuir** des hommes montés se ferment

sur le côté extérieur de la jambe; elles couvrent par devant la fermeture du brodequin et montent le plus haut possible sans cependant dépasser le dessous du genou, afin de ne pas gêner l'articulation; elles entourent la jambe sans la comprimer et sans bâiller. Aux manœuvres, pendant les routes et en campagne, elles sont entretenues uniquement à la graisse.

Les **bandes molletières** sont enroulées autour des jambes de la manière suivante : remonter le pantalon de manière que le bas de cet effet arrive à la partie supérieure de la tige du brodequin, puis rabattre contre la face interne du mollet toute l'étoffe qui se trouve en avant de la jambe. Maintenir en arrière et à un travers de doigt au-dessus de la cheville l'extrémité de la bande qui ne porte pas de cordon, faire deux tours, puis deux autres tours en retournant, avant et après, la bande sur elle-même, de façon à épouser la forme du mollet et en amenant les deux points de croisement sur le devant de la jambe; enrouler le reste de la bande de manière que la partie supérieure vienne au contact de la rotule. Fixer le cordon, puis rabattre la partie de la bande qui se trouve au-dessus de lui de manière à le recouvrir. La bande molletière ainsi placée laisse la courbe du mollet complètement apparente et cache les extrémités du lacet du brodequin.

Les **éperons à la chevalière** sont portés sur les jambières, ou, avec les bandes molletières, directement sur les brodequins. Ils sont tournés la boucle à l'extérieur, le renfort qui termine la tige et entoure la molette dirigé vers le sol. Les **sous-pieds** sont ajustés ainsi que les **brides** de manière à empêcher tout ballottement des éperons. Avec les jambières en cuir, les sous-pieds sont engagés dans les passants des jambières, pour fixer celles-ci.

51. Grand équipement et armement. — Le **ceinturon** se porte autour de la taille, sous la veste. Il doit être serré sur le corps, sans gêner l'homme et sans faire plisser le pantalon ou la culotte.

Les hommes montés pourvus d'un cheval de selle doublent la **bélière** sur elle-même.

Les adjudants-chefs, adjudants et maréchaux des logis-chefs non montés (1) rattachent l'extrémité libre de la bélière à l'anneau de bracelet du fourreau de leur **sabre.**

A pied, le sabre se porte au crochet ou à la main (2). Il ne doit jamais traîner à terre. Au crochet, il est porté la poignée en arrière, le bout en avant. Lorsqu'il n'est pas au crochet, il est tenu de la façon suivante : la main gauche

---

(1) Ainsi que le personnel monté armé du sabre lorsque, exceptionnellement, il doit porter le sabre à pied.
(2) Au cantonnement, les hommes montés ne sont, en principe, armés que du revolver dans son étui.

embrassant le fourreau à hauteur de l'anneau, la garde
en avant et le fourreau incliné d'avant en arrière.

La **dragonne** est fixée au sabre de la manière suivante :
engager la ganse dans la poignée par le côté des branches
latérales, passer le gland dans la ganse et serrer le nœud
coulant ainsi formé sur la réunion des trois branches en
laissant pendre la dragonne le long de la branche princi-
pale.

Le fourreau du sabre est muni d'une gaine en toile cachou.

Le fourreau du **sabre-baïonnette (sabre-baïonnette de
mousqueton ou sabre-baïonnette série Z)**, engagé dans le

Fig. 2. — Homme monté en tenue de campagne.

gousset du pendant du ceinturon, est fixé par le contresanglon du pendant qui passe dans le pontet du
fourreau. Le sabre-baïonnette doit tomber verticalement
en arrière de la bande gauche du pantalon ou de la culotte.

Les **deux cartouchières**, contenant chacune **deux chargeurs** de trois cartouches, sont passées au ceinturon et
portées l'une en arrière, l'autre en avant, du côté droit.

La **courroie-ceinture** des vélocipédistes se porte par-
dessus la vareuse-dolman; soutenue à gauche par une
patte cousue à la vareuse, elle ne doit être que faiblement
serrée.

La **cartouchière de cavalerie**, contenant **quatre chargeurs** de trois cartouches, se porte en avant, du côté droit, enfilée sur la ceinture.

Les hommes armés du **revolver**, avant de placer celui-ci dans son étui, roulent la **lanière** en la fixant de la manière suivante à l'étui et au revolver : fixer la lanière par sa ganse à la partie antérieure de la banderole; faire, à partir de cette ganse, une boucle de 12 à 15 centimètres de longueur; enrouler la partie libre autour de cette boucle depuis la ganse jusqu'à l'extrémité de la boucle; doubler sur lui-même le bout de lanière qui reste libre, l'introduire dans l'extrémité de la boucle et serrer le tout en faisant glisser la partie de la lanière enroulée en spirale. Fixer la lanière à l'anneau de calotte du revolver à l'aide de son lacet de cuir. Mettre dans l'étui le revolver et la lanière roulée (1) ainsi que les **douze cartouches.**

L'**étui de revolver** se porte en sautoir de l'épaule gauche à la hanche droite, en arrière de laquelle il vient reposer à plat (2). La **banderole**, engagée sous la patte gauche de la veste, est ajustée, sans s'occuper de la place qu'occupe la boucle, à une longueur telle que le dessus de la passe de l'étui se trouve à deux ou trois doigts au-dessus de la pointe de la hanche. La **ceinture** est bouclée autour du corps, juste au-dessus des pointes des hanches sans faire faire de plis au vêtement, et de manière que sa boucle se trouve sur la ligne des boutons de la veste, en principe entre les deux premiers.

52. Petit équipement et effets divers. — L'**étui-musette** contenant le quart, la cuiller et le cas échéant le **repas froid**, est porté en sautoir de l'épaule droite à la hanche gauche. La **sangle**, engagée sous la patte d'épaule droite de la veste, est ajustée de manière que le haut de l'étui-musette se trouve un peu au-dessus de la pointe de la hanche, le haut du bord antérieur à un travers de main à gauche de la ligne de boutons de la veste (fig. 3).

Le **petit bidon** est de même porté en sautoir de l'épaule droite à la hanche gauche, par-dessus l'étui-musette. La **courroie**, fixée au bidon de telle sorte que le bouton double se trouve près du petit goulot, est engagée, la boucle en avant, sous la patte d'épaule droite de la veste; elle est ajustée de manière que le corps du bidon repose sur l'étui-musette en arrière de la hanche gauche, le grand goulot du côté de la hanche, le milieu du bidon à hauteur de ceinture si l'homme ne doit pas porter le havresac, l'extrémité des goulots à environ un travers de main au-dessous de la

_____

(1) Lorsque l'homme doit sortir le revolver de son étui, une simple saccade suffit pour dérouler la lanière.
(2) Lorsqu'un homme armé du revolver doit porter le havresac, il ramène l'étui en avant de la hanche droite.

partie inférieure du havresac si l'homme doit porter celui-ci.

Pour les hommes armés du revolver, la sangle de l'étui-musette et la courroie du petit bidon doivent toujours passer au-dessus de la banderole de l'étui-revolver.

Les hommes montés pourvus d'un cheval ou d'un attelage immobilisent leur étui-musette et leur petit bidon en bouclant la ceinture de l'étui-revolver par-dessus le brin antérieur de la sangle de l'étui-musette, et la partie postérieure de la courroie du petit bidon.

Les vélocipédistes portent l'**étui-musette** contenant la **cuiller** et le cas échéant le **repas froid**. Par-dessus, ils por-

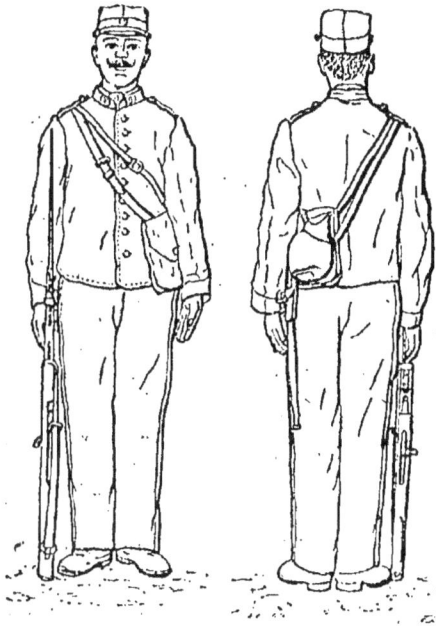

Fig. 3. — Homme non monté en tenue de campagne

tent leur **sacoche** spéciale en sautoir de l'épaule gauche à la hanche droite, puis par-dessus celle-ci le **petit bidon de cavalerie** en sautoir de l'épaule droite à la hanche gauche, la boucle de la courroie en avant, le goulot du bidon à hauteur de ceinture.

Ils immobilisent leur étui-musette et leur sacoche en bouclant la courroie-ceinture par-dessus le brin antérieur de la sangle de ces effets et facultativement leur petit bidon en prenant la partie postérieure de sa courroie sous la courroie-ceinture.

Le **havresac**, quand il est porté à dos d'homme, est

placé de manière que son dessus arrive à hauteur de la ligne des épaules, les bretelles passant par-dessus les pattes de la veste.

L'homme ajuste son havresac en fixant les bretelles par en haut au trou convenable.

La bretelle gauche reste constamment bouclée à ses deux extrémités; la bretelle droite est bouclée par en bas au moment où l'homme met son sac sur le dos. Les extrémités supérieures des bretelles sont rentrées entre le sac et la charge qui le surmonte; les bouts libres des extrémités inférieures sont rentrés en les engageant une seconde fois dans les passants fixes, entre le sac et le contresanglon.

Dans l'artillerie de campagne, le havresac n'est jamais porté à dos d'homme, même pour les revues.

La **trompette** se porte suspendue au cou par le cordon ou la courroie, et rejetée sur le dos. Une partie du cordon est enroulée autour de la poignée de l'instrument, le reste est tressé en chaînette serrée; la courroie, fixée à la trompette à ses deux extrémités, se

Fig. 4. — Homme non monté, ordonnance d'un officier monté de l'artillerie à pied, en tenue de campagne.

raccourcit en engageant l'embouchure dans les deux fentes ménagées à cet effet.

VI — MODIFICATIONS QUI PEUVENT ÊTRE APPORTÉES ÉVENTUELLEMENT A LA TENUE NORMALE DE CAMPAGNE

A — PORT DU MANTEAU OU DE LA CAPOTE

53. *Lorsque la température l'exige, les hommes portent* le **manteau** ou la **capote.** Ces effets sont toujours endossés par-dessus la veste et, lorsqu'ils ne sont revêtus que momentanément, par-dessus l'équipement (étui-musette, petit bidon et étui-revolver).

La longueur de ces vêtements doit être telle qu'ils arrivent à 33 centimètres de terre environ; leur ampleur doit être suffisante pour qu'ils ne puissent gêner l'homme dans ses mouvements, même lorsqu'ils sont endossés par-dessus l'équipement.

Les boutons doivent toujours être boutonnés; toutefois à cheval, la fente postérieure du manteau est déboutonnée.

Pour les marches, les pans sont relevés et fixés aux boutons inférieurs des pattes de poche pour la capote, aux boutons extrêmes de la martingale pour le manteau.

54. Lorsque les vélocipédistes, étant sur leurs machines, portent le **collet-manteau,** ils sont autorisés à ne point le boutonner.

B — TRANSPORT EN SAUTOIR DU MANTEAU
OU DE LA CAPOTE

55. *Lorsque les hommes ne portent pas le havresac, ils peuvent recevoir l'ordre de porter en sautoir la* **capote** *ou le manteau.*

Cet effet doit alors être roulé de la manière suivante :

56. Rouler la capote ou le manteau. — La capote (ou le manteau) étant déployée dans son entier et étendue, la doublure en dessous, la martingale déboutonnée, étendre les manches en les disposant à plat de manière que les parements viennent se toucher sur la ligne du milieu du dos.

(*Avec le manteau :* boutonner entièrement la fente postérieure et rabattre le grand collet par-dessus les manches de manière que ses bords couvrent exactement ceux du manteau et que la couture du milieu corresponde à la ligne du milieu du dos du manteau. Faire, de part et d'autre de la couture du milieu du grand collet, et en les multipliant surtout vers les bords, un nombre de plis suffisant pour répartir convenablement l'épaisseur du drap en vue d'obtenir ultérieurement un rouleau aussi cylindrique que possible).

Relever l'extrémité inférieure de la capote (ou du manteau) de manière à former un pli perpendiculaire à la ligne du milieu du dos, à environ 15 centimètres (une faible longueur de main) du bas du vêtement.

Replier chacune des extrémités inférieures des devants en formant deux plis parallèles à la ligne du milieu du dos, et distants de 1^{m}35 environ (1) (une longueur de sabre plus deux travers de main, ou deux longueurs de sabre-baïonnette plus deux travers de main).

Renverser ensuite l'extrémité inférieure de la capote (ou du manteau) pour former un portefeuille de 15 centimètres de largeur en son milieu et un peu plus étroit aux extrémités. Renverser également le haut du vêtement de la quantité nécessaire pour lui donner une forme rectangulaire.

Rouler ensuite, en serrant fortement, à partir du côté

_____

(1) Cette longueur est un maximum à ne pas dépasser.

opposé au portefeuille et, le moment venu, empocher le rouleau.

Lorsque le vêtement est correctement roulé, on ne doit pas voir la doublure.

57. Le vêtement étant ainsi roulé, le doubler sur lui-même, le bord libre du portefeuille à l'extérieur, en rapprochant les deux bouts que l'on réunit à l'aide des deux *courroies de manteau* (1) disposées de la manière suivante :

Passer le bout libre d'une des courroies dans le passant fixe, puis dans la boucle de cette courroie, en engageant l'ardillon de la boucle dans le trou du contresanglon qui se trouve le plus éloigné de l'extrémité libre, de façon à former une ganse d'environ 15 centimètres de long. Avec la partie libre de la courroie entourer l'un des bouts du manteau à environ un travers de main de son extrémité et serrer fortement en revenant boucler le contresanglon dans la boucle de la courroie.

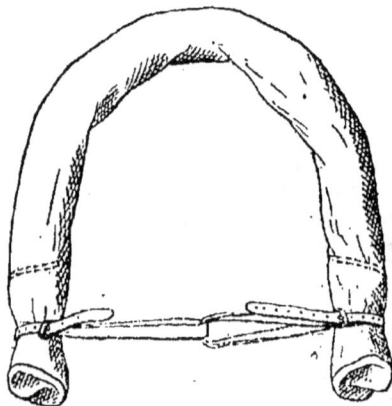

Fig. 5. — Manteau roulé pour être porté en sautoir.

Fixer de même la seconde courroie à l'autre bout du manteau, mais avoir soin d'engager tout d'abord cette courroie dans la ganse formée par la première.

Le manteau (ou la capote) ainsi disposé en fer à cheval est porté en sautoir de l'épaule gauche à la hanche droite

(1) Les hommes équipés en hommes montés utilisent comme courroies de manteau des courroies de 82 centimètres (*anciennes courroies de paquetage* du harnachement) ou de 63 centimètres (*courroies de manteau* percées d'un septième trou à l'extrémité libre du contresanglon et d'un trou isolé à 32 centimètres de l'enchapure de la boucle). Les hommes équipés en hommes non montés utilisent des courroies de 63 ou de 52 centimètres (*anciennes courroies de côté des havresacs* percées de deux trous supplémentaires à l'extrémité libre du contresanglon).

Les trous nécessaires sont toujours percés à l'emporte-pièce et jamais avec un poinçon ou un couteau.

pour les hommes armés du *mousqueton* ou non pourvus d'une arme à feu, et de l'épaule droite à la hanche gauche pour les hommes armés du *revolver*. La fente du rouleau doit toujours être tournée vers le bas.

58. Les vélocipédistes, lorsqu'ils doivent porter le *collet-manteau* en sautoir, roulent cet effet à la plus grande longueur possible en procédant de la manière suivante : étendre le vêtement à plat, l'intérieur en dessous; relever la partie inférieure du dos en formant à égale distance du col et du bas du vêtement un pli perpendiculaire à la ligne du milieu du dos. Rouler ensuite, en serrant fortement, à partir des deux pointes du devant.

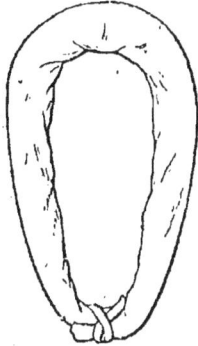

Le collet-manteau étant ainsi roulé, le doubler sur lui-même, le pli du bas du vêtement à l'extérieur et rapprocher les deux bouts de manière qu'ils croisent l'un sur l'autre sur une longueur de 12 centimètres environ. Lier ensuite les deux bouts, au milieu de là partie doublée, avec deux tours de la *courroie de sautoir* fortement serrée, et disposée de telle manière que l'homme ayant le collet en sautoir de l'épaule gauche à la hanche droite, la fente du rouleau dirigée vers le sol, la boucle se trouve en dessous, l'ardillon dirigé vers l'homme, l'extrémité du contresanglon rentrée dans le passant.

Fig. 6. Collet manteau roulé pour être porté en sautoir

C — Port des effets de treillis

59. Pendant les grandes chaleurs, lorsqu'on ne se trouve pas à proximité de l'ennemi, les hommes non pourvus d'un cheval ou d'un attelage peuvent recevoir l'ordre de porter le *pantalon de treillis. Les hommes pourvus d'un cheval ou d'un attelage conservent toujours la culotte.*

En Afrique, même au cours d'opérations de guerre et à portée de l'ennemi, lorsque les circonstances atmosphériques l'imposent, les hommes peuvent recevoir l'ordre de porter le *bourgeron de toile* au lieu de la veste en drap et, s'il ne sont pas pourvus d'un cheval ou d'un attelage, le *pantalon de treillis* à la place du pantalon ou de la culotte en drap, avec les jambières.

D — Tenue des troupes alpines

60. Lorsqu'ils en reçoivent l'ordre, les hommes des unités alpines ne portent pas le *jersey* sous la veste; cet effet est alors placé dans le paquetage.

Ces hommes font usage du *bâton ferré* chaque fois que les circonstances le rendent nécessaire.

E — TRANSPORT DES HAVRESACS

61. Dans l'artillerie de campagne, le havresac n'est jamais porté à dos d'homme.

Dans l'artillerie à pied et dans l'artillerie de montagne, lorsque la chose est possible, certains des hommes, qui normalement devraient porter le havresac, reçoivent l'ordre de déposer celui-ci sur les voitures qui accompagnent l'unité, ou sur les mulets de bât. Ces hommes peuvent conserver leur capote en la portant en sautoir; ils remontent leur petit bidon et, s'il y a lieu, replacent l'étui-revolver en arrière.

F — TENUE DE ROUTE DES HOMMES NON MONTÉS

62. En tenue de route, les hommes équipés en hommes non montés peuvent porter le *pantalon avec bandes molletières* ou même la *culotte avec bandes molletières* (1).

ARTICLE II

PAQUETAGE DE CAMPAGNE

I — NOMENCLATURE DES EFFETS PERSONNELS QUE L'HOMME DOIT CHARGER DANS SON PAQUETAGE, SUR LES VOITURES OU SUR LES ANIMAUX DE L'UNITÉ

63. En campagne et pour les routes, marches et manœuvres hors de la garnison, les hommes des unités de l'artillerie, en plus des effets qu'ils portent sur eux, emportent les effets énumérés dans le tableau ci-après. Ils les placent dans leur paquetage ou les chargent sur les voitures ou sur les animaux de l'unité, conformément aux indications qui seront données plus loin.

A l'intérieur, le chef de corps peut prescrire un paquetage de campagne légèrement modifié qui prend le nom de **paquetage de route** (suppression des vivres, augmentation du nombre des effets de petite monture ou de pansage, etc.).

---

(1) Au cas où la tenue nᵒ 3 (d'instruction) des servants comprend la culotte (Circ. 20 sept. 1911, *B. O.*, p. s., p. 886).

DÉSIGNATION DES EFFETS.	HOMMES MONTÉS.			HOMMES NON MONTÉS.			Vélocipédistes (5).	OBSERVATIONS.
	Sous-officiers (1). Hommes pourvus d'un cheval de selle.	Hommes pourvus d'un attelage (2).	Hommes non pourvus d'un cheval ou d'un attelage (3).	Adjudants-chefs, adjudants, maréchaux des logis-chefs et assimilés (1).	Maréchaux des logis, brigadiers et canonniers.	Ordonnances d'officiers montés (4).		
1	2	3	4	5	6	7	8	9
Habillement.								
Manteau (galonné pour les gradés).....	1	1	1	"	"	"	"	
Capote (galonnée pour les gradés).....	"	"	"	1	1	1	"	
Collet-manteau (galonné pour les gradés).	"	"	"	"	"	"	1	Avec boutons de l'artillerie.
Bonnet de police (galonné pour les gradés).	1 (a)	1	1	1	1 (a)	1 (a)	1	
Chaussures.								(a) Unités alpines exceptées.
Brodequins (Paire de) (6)...........	1 (b)	1 (b)	1 (b)	"	"	"	"	(b) Batteries à cheval exceptées. Chaque batterie à cheval emporte se paires de brodequins de pointures diverses qui sont chargées, dans un sac, dans le fourgon à bagages de l'état-major du groupe.
Brodequins légers, en toile cachou (Paire de) (6)..................	"	"	"	1	1	1	1	
Petit équipement.								
Caleçon...........................	1	1	1	1	1	1	1	
Chemise en flanelle de coton..........	1	1	1	1	1	1	1	
Cravate...........................	"	"	"	1	1	1	1	
Mouchoir de poche..................	1	1	1	1	1	1	1	
Pantalon de treillis (7)...............	1	1	1	"	"	"	"	Les sous-officiers en seront dotés au fur et à mesure que les ressources disponibles le permettront.
Bourgeron-blouse (galonné pour les gradés) (8).....................	1 (a)	1	1	1	1 (a)	1 (a)	1	
Lacets de rechange (Paire de)...... ..	1	1	1	1	1	1	1	
Brides d'éperons (Paire de)...........	1	1	1	"	"	"	"	
Sous-pieds d'éperons (Paire de)....	1	1	1	"	1	1	"	
Jeu de 2 courroies de manteau (9).....	1	1	1	"	"	1	"	

(1) Pour le paquetage des adjudants-chefs, adjudants et assimilés, voir le titre II.
(2) Conducteurs à la flèche ou en guides.
(3) Ordonnances montés des officiers pourvus de plusieurs chevaux, compris.
(4) Les ordonnances des officiers non montés de l'artillerie à pied ont le paquetage des autres canonniers non montés.
(5) Cette colonne ne s'applique qu'aux *vélocipédistes prévus par les tableaux d'effectifs de guerre.* — Les vélocipédistes supplémentaires conservent le paquetage des autres canonniers.
(6) Les hommes appartenant à la réserve ou à l'armée territoriale sont autorisés à porter des brodequins fournis par eux et d'un modèle analogue au type réglementaire. À la mobilisation, les hommes qui apportent leurs chaussures touchent une indemnité spéciale. Jusqu'à épuisement des approvisionnements de souliers, les hommes non montés pourront recevoir, comme chaussure de rechange, *des souliers avec guêtres ou toile et sous-pieds de rechange.*
(7) Le pantalon de treillis doit être assez large pour pouvoir être porté par-dessus le pantalon d'ordonnance ou la culotte.
(8) Le bourgeron-blouse doit être assez simple pour pouvoir se porter par-dessus la veste ou la vareuse-dolman.
(9) En attendant la constitution complète des approvisionnements, les jeux de deux courroies de manteau pourront être constitués provisoirement avec des courroies de divers modèles (en particulier, pour les hommes montés : *courroies de paquetage provenant du harnachement,* et pour les hommes non montés : *courroies de côle de havresac)* percées au besoin des trous nécessaires. (Voir n° 57, en note.)

DÉSIGNATION DES EFFETS.	HOMMES MONTÉS.			HOMMES NON MONTÉS.				OBSERVATIONS.
	Sous-officiers (1), Hommes pourvus d'un cheval de selle.	Hommes pourvus d'un attelage (2).	Hommes non pourvus d'un cheval ou d'un attelage (3).	Adjudants-chefs, adjudants, maréchaux des logis chefs et assimilés (1).	Maréchaux des logis, brigadiers et canonniers.	Ordonnances d'officiers montés (4).	Vélocipédistes (3).	
1	2	3	4	5	6	7	8	9
Courroie de santoir, du modèle des alpins.	"	"	"	"	"	"	1	
Livret individuel..............	1	1	1	1	1	1	1	
Gamelle individuelle (6).............	1	1	1	1	1	1	1	
Morceau de savon..........	1	1	1	1	1	1	1	
Serviette (7)................	1	1	1	1	1	1	1	La trousse garnie doit renfermer : une bobine en buis avec aléna, des aiguilles, du fil (nuances : noir, écru et écarlate), un dé à coudre et une paire de ciseaux).
Trousse garnie................	1	1	1	1	1	1	1	
Effets de petite monture. — Brosse à habits..........			Un jeu complet pour deux	hommes (8)................				Un des côtés de la brosse sert à décrotter les chaussures, l'autre à étendre la graisse à chaussures sur le cuir.
Brosse double à chaussures..								
Brosse pour armes.........								La boîte double à graisse doit contenir d'un côté de la graisse pour armes avec chiffon gras, et de l'autre de la graisse pour les chaussures (9).
Boîte double à graisse......								
Effets de pansage. — Musette de pansage........	1 (a)	1	1 (d)	"	1 (e)	1	"	(c) Adjudants et assimilés exceptés.
Brosse en soie.............	1 (c)	1	1 (d)	"	1 (e)	1	"	(d) Ordonnances des officiers d'administration non montés exceptés.
Étrille................	1 (c)	1	1 (d)	"	1 (e)	1	"	(e) Conducteurs de mulets de bât et conducteurs en guides seulement.
Éponge..........	1 (c)	1	1 (d)	"	1 (e)	1	"	(f) Sous-officiers seulement.
Torchon-serviette.........	1 (c)	1	1 (d)	"	1 (e)	1	"	(g) Sous-officiers non montés des batteries alpines seulement.
Ciseaux de pansage (Paire de).	1 (f)	1	"	"	1 (g)	1	"	(h) Ordonnances des officiers montés seulement.
Sac à avoine.............	"	1	1 (d)	"	1 (g)	1	"	
Corde à fourrage........	1 (c)	1	1 (d)	"	1 (g)	1	"	
Clefs à — à taraud.............	"	1	1 (k)	"	1 (g)	"	"	
crampons — à pointe..........	"	1	"	"	1 (c)	"	"	

(1) Voir note 1, page 42.
(2) Voir note 2, page 42.
(3) Voir note 3, page 42.
(4) Voir note 4, page 42.
(5) Voir note 5, page 42.
(6) Tous les isolés, et, en particulier, les soldats ordonnances des officiers sans troupe, reçoivent un *nécessaire individuel de campement* du système Bouthéon, en remplacement de la gamelle individuelle.
(7) En attendant la constitution complète des approvisionnements en serviettes, les hommes sont autorisés à emporter, le cas échéant, une serviette d'un modèle facultatif.

(8) Les soldats ordonnances des officiers sans troupe touchent un jeu complet. Dans les unités, les effets de petite monture sont délivrés aux chefs de pièce d'après l'effectif de leur pièce; ceux-ci les répartissent ensuite entre leurs hommes en donnant, en principe, aux uns : une brosse à habit et une brosse pour armes, aux autres : une brosse double et une boîte à graisse.

(9) La graisse pour armes doit remplir les conditions données dans la Note ministérielle du 25 octobre 1899. La graisse pour les chaussures ne doit pas fondre trop facilement, et il convient d'employer le suif ou une graisse contenant une forte proportion de suif.

DÉSIGNATION DES EFFETS.	HOMMES MONTÉS.			HOMMES NON MONTÉS.				OBSERVATIONS.
	Sous-officiers (1) Hommes pourvus d'un cheval de selle.	Hommes pourvus d'un attelage (2).	Hommes non pourvus d'un cheval ou d'un attelage (3).	Adjudants-chefs, adjudants, maréchaux des logis chefs et assimilés (1).	Maréchaux des logis, brigadiers et canonniers.	Ordonnances montés d'officiers (4).	Vélocipédistes (5).	
Grand équipement.								(i) Sous-officiers non montés et infirmiers de l'artillerie de montagne exceptés.
Dragonne de sabre............	1	"	"	"	"	"	"	(j) Artillerie à pied seulement.
Havresac Mle 1883 (6)........	"	"	1	1	1 (i)	1 (j)	"	(k) Sous-officiers non montés et infirmiers de l'artillerie de montagne seulement.
Sac en toile cachou..........	"	"	"	"	1 (k)	1 (k¹)	"	(k¹) Artillerie de montagne seulement.
Sac d'homme monté..........	1	1	"	"	"	"	"	(l) Le fourreau muni d'une gaine en toile cachou.
Armement.								(m) Hommes armés du mousqueton seulement.
Sabre de cavalerie légère......	1 (l)	"	"	"	"	"	1	(n) Artillerie à pied et artillerie de montagne seulement.
Ficelle pour le nettoyage de l'arme.....	"	"	1 (m)	"	"	"	1	(o) Artillerie de campagne seulement.
Nécessaire d'armes (7)........	1 pour 6 hommes ou pour toute fraction de moins de 6 hommes.				1 (m)	"	"	
Campement.								
Sachets à pain de guerre..........	2	2	2	2	2	2	2	1 seul pour le personnel des batteries à cheval.
Sachet individuel pour vivres de réserve (8)....	1 (n)	"	"					
Sachet à vivres collectifs........	"	"	1 pour 3 hommes (o).	1 (n)	1 (n)	1 (n)	"	
Gamelle de campement..........								La répartition de ces effets de campement est faite entre les pièces et entre les hommes de celles-ci, conformément aux indications d'un tableau inséré dans le carnet de mobilisation de l'unité et dressé dès le temps de paix par le commandant de l'unité ou par l'officier chargé de tenir le carnet de mobilisation.
Étui de gamelle de campement (o)...	1 pour 4 hommes (sauf où il n'est distribué qu'une gamelle pour 8 hommes).			dans les unités d'artillerie à pied, gamelle pour 8 hommes).				
Courroie de gamelle de campement (o)..								
Marmite de campement..........								
Étui de marmite de campement (o).....	1 pour 4 hommes.....							
Courroie de marmite de campement (o)..								

(1) Voir note 1, page 42.
(2) Voir note 2, page 42.
(3) Voir note 3, page 42.
(4) Voir note 4, page 42.
(5) Voir note 5, page 42.
(6) Le havresac est toujours muni de ses bretelles, même s'il doit être en permanence transporté sur les voitures. Il porte une grande courroie de charge et deux courroies supérieures de capote du type de France ou d'Afrique, suivant le cas.

(7) Les nécessaires d'armes sont délivrés aux chefs de pièce qui les répartissent à leur convenance, en les remettant de préférence à des hommes armés du mousqueton, ou à des gradés.

(8) Les sachets individuels pour vivres de réserve doivent être imperméabilisés périodiquement pour éviter la déliquescence du sucre. (Voir B. O. R. M., vol. 53, et Instruction du 2 avril 1908, B. O. P. R., 1er semestre 1908.)

DÉSIGNATION DES EFFETS.	HOMMES MONTÉS.			HOMMES NON MONTÉS.				OBSERVATIONS.
	Sous-officiers (1). Hommes pourvus d'un cheval de selle.	Hommes pourvus d'un attelage (2).	Hommes non pourvus d'un cheval ou d'un attelage (3).	Adjudants-chefs, adjudants, maréchaux des logis-chefs et assimilés (1).	Maréchaux des logis, brigadiers et canonniers.	Ordonnances d'officiers montés (4).	Vélocipédistes (5).	
	2	3	4	5	6	7	8	9
Moulin à café.	1 pour 15 hommes ou 15 hommes			pour toute fraction de moins de l'artillerie à pied.				La répartition de ces effets de campement est faite entre les pièces et entre les hommes de celles-ci, conformément aux indications d'un tableau inséré dans le carnet de mobilisation de l'unité et dressé dès le temps de paix par le commandant de l'unité ou par l'officier chargé de tenir le carnet de mobilisation.
Sac à distribution.	1 pour 8 hommes dans 1 pour 20 hommes, ou 20 hommes, dans les jors			pour toute fraction de moins de autres unités et dans les états majors.				
Seau en toile.	1 pour 2 hommes équipés ducteurs muletiers. 1 pour 4 hommes équipés ducteurs muletiers.			en homme monté ou pour 2 conducteurs muletiers. en homme non monté et non conducteurs muletiers.				
Hachette de campement.	1 par ordonnance d'officier 1 pour 8 hommes (sauf munitions de 75 qui			sans troupe. dans les batteries et sections de n'en reçoivent pas (6).				
Lanternes.	Les unités qui ne disposent riel d'un nombre suffi surveillance et le ser et dans les cantonne dans le commerce, sur et d'éclairage, et à em nombre de lanternes			pas normalement dans le matériel de lanternes pour assurer la vice pendant les marches de nuit ments, sont autorisées à acheter les fonds de la masse de chauffage porter en campagne un certain (8 au maximum) (7).				
Petite couverture de campement.	1 par homme non pourvu ou d'un mulet de bât			d'un cheval de selle, d'un attelage (8).				
Toile de tente-abri M^le 1897 (9).	1 par homme							Ces effets de campement sont attribués aux hommes de toutes les unités d'Afrique. En France, ils ne sont normalement attribués qu'aux hommes des unités alpines (11).
Petits piquets.	2 par homme							
Éléments de support brisé (10).	2 par homme (a).							(a) Voir observation a, page 43.
Cordeau de tirage.	1 par homme							

(1) Voir note 1, page 42.
(2) Voir note 2, page 42.
(3) Voir note 3, page 42.
(4) Voir note 4, page 42.
(5) Voir note 5, page 42.
(6) Les hommes des batteries et sections de munitions de 75 utilisant les haches et les hachettes portées par les voitures de ces unités.
(7) Les lanternes nécessaires aux unités de nouvelle formation ne sont achetées qu'à la mobilisation par les soins du corps mobilisateur.

(8) Les hommes pourvus d'un cheval de selle, d'un attelage ou d'un mulet de bât utilisant, le cas échéant, une couverture de harnachement qu'ils ont en consigne.
(9) Chaque toile de tente-abri est munie en permanence de 3 cordeaux à piquets. (La toile de l'ancien sac tente-abri porte 2 cordeaux à piquets et est accompagnée de 3 petits piquets.)
(10) Dans les unités alpines, les tentes-abris sont dressées en remplaçant chaque support par 2 bâtons ferrés assemblés pour une forte ficelle.
(11) Les autres unités de l'artillerie peuvent, dans certaines circonstances, être pourvues de tentes-abris et de petites couvertures de campement en vertu de décisions spéciales.

DÉSIGNATION DES EFFETS.	HOMMES MONTÉS.			HOMMES NON MONTÉS.			Vétérinaires (5).	OBSERVATIONS.
	Sous-officiers (1). Hommes pourvus d'un cheval de selle.	Hommes pourvus d'un attelage (3).	Hommes non pourvus d'un cheval ou d'un attelage (3).	Médecins-chefs, adjudants, maréchaux des logis chefs et assimilés (1).	Maréchaux des logis, brigadiers et canonniers.	Ordonnances d'officiers montés (4).		
	2	3	4	5	6	7	8	9
Effets divers.								
Bâton ferré....................	1 (p)	"	"	"	1 (p)	1 (p)	"	(p) Unités alpines seulement.
Cisaille.......................	1 (q)	"	"	"	"	"	"	(q) Il est attribué à chaque batterie de 75 ou de 155 c TR, et à chaque colonne légère de 155 c TR, 3 cisailles confiées aux éclaireurs montés de ces unités.
Sacoche de maréchal ferrant monté (6)...	1 (r)	r	"	"	"	"	"	(r) Maréchaux ferrants montés seulement.
Couteau à ouvrir les boîtes de conserve (7)..	1 (s)	"	"	"	1 (s)	"	"	(s) Chefs de pièce seulement.
Vivres de réserve.								
Pour mémoire (8).								

(1) Voir note 1, page 42.
(2) Voir note 2, page 42.
(3) Voir note 3, page 42.
(4) Voir note 4, page 42.
(5) Voir note 5, page 42.
(6) Cette sacoche (M^{le} 1906 ou M^{le} 1853-1904) doit contenir 1 cure-pied, 1 paire de tricoises, 1 mailloche emmanchée, 1 poinçon-repoussoir et 1 tourtes contenant, l'une 24 clous à ferrer, l'autre 8 crampons à glace. — Les maréchaux ferrants non montés transportent avec eux ces mêmes outils simplement enfermés dans une enveloppe quelconque (effet hors service ou tablier bleu, ou, mieux, tablier en cuir de maréchal); ils les dé-

posent sur la voiture où ils prennent place, ou en surcharge sur le mulet avec lequel ils marchent. Le bontoir et la râpe-fine de tous les maréchaux sont transportés avec la forge de l'unité. Pour toutes les unités du temps de paix, les sacoches et l'outillage sont fournis par l'abonnataire; pour les unités de nouvelle création, le prix des sacoches et de l'outillage est retenu au nouvel abonnataire.
(7) Les couteaux à ouvrir les boîtes de conserve doivent être achetés, dès le temps de paix, par les corps de troupe, sur les fonds des ordinaires pour les unités existantes et pour celles à créer à la mobilisation. (Instruction du 18 août 1911 sur l'alimentation pendant les transports en chemin de fer, art. 3, B. O. E. M., vol. 100-6 bis.)
(8) Voir n°s 131 et suivants.

NOTA. — Les effets nécessaires pour la confection des paquetages à constituant la tenue de campagne des hommes de chaque unité et

la mobilisation sont approvisionnés en temps de paix avec les effets suivant les mêmes principes. (Voir le nota final du n° 47.)

II — NOMENCLATURE DES EFFETS
EMPORTÉS EN CAMPAGNE
POUR LES ANIMAUX

64. En campagne, pour les routes et les manœuvres, les effets suivants sont emportés pour chaque animal :

1° Par cheval:

1 harnachement (de selle, d'attelage à la Daumont ou d'attelage en guides) (1);
1 couverture;
1 surfaix de couverture;
1 musette-mangeoire;
1 ferrure complète (4 fers et 40 clous);
32 crampons à glace.

2° Par mulet:

1 harnachement (de bât ou d'attelage en guides) (1);
1 couverture;
1 surfaix de couverture;
1 musette-mangeoire;
1 ferrure complète (4 fers et 40 clous);
32 crampons à glace.

NOTA

Constitution des approvisionnements en harnachement et ferrures.

1° Harnachement. — Chaque batterie existant en temps de paix doit posséder dans son magasin un nombre de collections d'effets de harnachement (*Collection de guerre*)

---

(1) Dans les *harnachements de selle*, la *selle* porte une paire de sacoches complète, deux courroies de paquetage de 82 centimètres dites de *bout de manteau*, un porte-sabre et, en outre, dans les unités d'artillerie de montagne seulement, une croupière.

Dans les *harnachements d'attelage à la Daumont*, la *selle* porte une paire de sacoches complète et deux courroies de paquetage de 82 centimètres dites de *bout de manteau*. La *sellette* ne comporte aucun accessoire mobile, mais elle est munie de deux courroies de brêlage de sacoche, cousues à demeure, qui permettent de fixer les sacoches à la sellette chaque fois que la chose est possible.

La *paire de sacoches complète* comprend : 1 courroie de *pommeau*, 2 courroies d'*intérieur de sacoches* et 2 courroies de paquetage de 82 centimètres dites de *charge*.

Les *harnachements d'attelage en guides* comportent *1 fouet* par attelage.

Les *mulets nus* ne sont dotés que d'un harnachement réduit comprenant : *1 bridon, 1 tirol, 1 longe* (en chaîne ou en corde), *1 couverture* avec son *surfaix* et *1 musette-mangeoire*.

Les *chevaux des attelages haut le pied conduits à la Daumont* peuvent, dans certaines unités, ne recevoir que le même harnachement réduit. Le porteur reçoit en plus *1 selle* avec sacoches.

correspondant à son effectif de paix tel qu'il est fixé par la loi des cadres ou par une décision ministérielle spéciale, compte tenu des catégories des chevaux.

Des lots de réserve de guerre sont entretenus dans les établissements désignés, de manière à pouvoir doter chaque unité mobilisée de la totalité du harnachement qui lui est nécessaire pour les chevaux de réquisition qu'elle doit recevoir. Les lots sont constitués séparément pour chaque unité et comprennent des effets des diverses tailles suivant des proportions fixées par les instructions ministérielles.

2º **Ferrures.** — Les approvisionnements de *fers* et de *clous* à entretenir en temps de paix doivent permettre à la mobilisation :

a) De mettre en état la ferrure de tous les chevaux avant le départ des unités.

b) D'assurer la constitution de la ferrure de réserve qui doit être emportée en campagne, aussi bien pour les chevaux d'officiers que pour les autres animaux.

Les approvisionnements comprennent en conséquence :

Pour les animaux de l'effectif théorique de paix : une ferrure et demie.

Pour les animaux à recevoir normalement de la réquisition : deux ferrures complètes.

3º **Crampons.** — L'approvisionnement de crampons à glace comporte uniformément 32 crampons par animal.

III — CONFECTION DES PAQUETAGES

A — HOMME MONTÉ POURVU D'UN CHEVAL DE SELLE

1º Garnir le sac d'homme monté.

65. PREMIER CAS : *L'homme dispose d'un sac d'homme monté du type régulier, divisé en deux compartiments par une cloison intérieure.*

Préparer la *paire de brodequins*. A cet effet, introduire dans l'un d'eux le *morceau de savon* et la *trousse garnie* dans laquelle on place les *lacets de rechange* et la *clef à crampons* ; dans l'autre, les *effets de petite monture* (brosses (1) et boîte à graisse), des chiffons pour le nettoyage des armes

_____

(1) La brosse à habits enveloppée, le cas échéant, dans des chiffons propres.

et, le cas échéant, le *nécessaire d'armes* que l'homme a en consigne. Rabattre ensuite les quartiers sur les semelles, disposer les deux brodequins les dessus l'un contre l'autre, les talons opposés, et les introduire dans le petit compartiment du sac (1).

Rouler ensemble le *bourgeron* et le *pantalon de treillis* de manière à faire un rouleau d'une longueur de 25 centimètres environ (2).

Rouler de même le *mouchoir* et le *caleçon* dans la *chemise* de manière à former un second rouleau de même longueur.

Le sac étant tenu verticalement, la patelette ouverte et rabattue du côté opposé à l'homme, introduire ces deux rouleaux côte à côte dans le grand compartiment, en les plaçant verticalement. Puis engager le *bonnet de police* entre l'une des parois du sac et les deux rouleaux (3).

Placer à plat au-dessus des deux rouleaux la *serviette* pliée aux dimensions du grand compartiment, et achever de remplir celui-ci avec le *sac à avoine* roulé à la longueur convenable, si ce sac est sans emploi.

Mettre le *livret individuel* dans la poche de la patelette et boutonner cette poche.

Rabattre les bords libres des flancs du sac sur le chargement, puis fermer le sac en rabattant la patelette et en bouclant ses deux contresanglons.

66. DEUXIÈME CAS. — *L'homme dispose d'un sac d'homme monté sans cloison intérieure, provenant de la transformation des anciens bissacs.*

Préparer la paire de *brodequins* ainsi qu'il est dit dans le premier cas (nº 65) en y introduisant le *morceau de savon*, la *trousse garnie* avec les *lacets de rechange* et la *clef à crampons ;* — les *effets de petite monture*, le *nécessaire d'armes* s'il y a lieu, et les *chiffons*. Les placer ensuite dans le sac d'homme monté, une des semelles contre le fond (4).

Envelopper dans la *chemise*, de manière à former un paquet plat d'une longueur maximum de 35 centimètres, le *livret individuel*, le *mouchoir* et le *caleçon* et placer ce paquet à plat sur les brodequins.

---

(1) Dans les *batteries à cheval*, les hommes, n'ayant pas de brodequins de rechange, placent tous ces objets dans un chiffon, et le paquet ainsi formé, convenablement ficelé, est placé seul dans le petit compartiment du sac.
(2) Dans les *unités alpines*, les hommes ne possèdent pas de bourgeron. Ils forment le rouleau avec le pantalon de treillis ou, si le *jersey* n'est pas porté, avec le jersey et le pantalon de treillis.
(3) Sauf dans les *unités alpines* où les hommes ne reçoivent pas de bonnet de police.
(4) Dans les *batteries à cheval*, les hommes, n'ayant pas de brodequins de rechange, placent tous ces objets dans un chiffon, de manière à former un paquet allongé qui, convenablement ficelé, est placé au fond du sac.

Coucher le sac à plat, la patelette ouverte et rabattue sous le sac, et empiler dans la partie libre du sac, l'un au-dessus de l'autre, le *bourgeron* (1), le *pantalon de treillis*, le *sac à avoine*, s'il est sans emploi, et la *serviette* pliés aux dimensions de l'espace libre, c'est-à-dire en rectangle d'environ 30 centimètres sur 20 centimètres. Au-dessus de la serviette, placer le *bonnet de police* (2), puis serrer les cordons de la poche du sac et boucler la patelette.

2° Garnir les sacoches.

67. Les sacoches ne doivent être garnies qu'après avoir été fixées sur la selle.

Pour fixer les sacoches sur la selle, les placer sur la partie antérieure de celle-ci, les ouvertures des poches à fer en avant, en engageant le dé de pommeau dans la mortaise du chapelet.

Pour chaque sacoche, engager la courroie d'intérieur de sacoche par son bout libre, la chair en avant et de dedans en dehors, dans la mortaise arrière du chapelet, puis la faire passer successivement, sans la retourner, dans la mortaise arrière du quartier, dans la chape d'attache de chapelet, dans la mortaise avant du quartier, enfin dans la mortaise avant du chapelet et boucler la courroie dans l'intérieur de la sacoche en la serrant très fortement.

Engager, sous chaque sacoche, une courroie de paquetage (*courroie de charge*) d'avant en arrière et la chair en dessus, en la faisant passer dans le crampon de pointe d'arcade.

Enfin engager la *courroie de pommeau*, d'arrière en avant et la chair en dessous, dans le dé de pommeau au-dessus du chapelet, puis dans le passant fixe du chapelet; la ramener vers l'arrière sous le chapelet et à travers le dé de pommeau, puis la boucler, la boucle reposant sur le chapelet en arrière du dé, le bout libre du contresanglon fixé dans le passant du chapelet.

68. Garnir la sacoche gauche. — L'homme place en principe dans la sacoche gauche les effets dont il ne fait pas immédiatement usage à son arrivée au cantonnement.

Il les dispose dans l'ordre suivant :

Au fond de la sacoche, contre le chapelet, placer 2 *sa-*

---

(1) Dans les *unités alpines*, le bourgeron n'existe pas. Il est remplacé par le *jersey* lorsque l'homme ne porte pas cet effet sur lui.
(2) Sauf dans les *unités alpines* où les hommes ne reçoivent pas de bonnet de police.

chefs à pain de guerre (1) garnis (2); à côté, introduire la *corde à fourrage* sommairement roulée (3).

Au-dessus, disposer le *surfaix de couverture*, et, le cas échéant, les *vivres individuels de réserve* (4) avec, pour les chefs de pièce, le *couteau à ouvrir les boîtes de conserve*.

Sur le tout, placer la *gamelle individuelle*, le couvercle en dessus, après y avoir introduit le pain destiné au repas du soir (5).

69. Garnir la sacoche droite. — L'homme place en principe dans la sacoche droite les effets dont il peut avoir besoin en route ou dont il fait immédiatement usage à son arrivée au cantonnement.

Il les dispose dans l'ordre suivant :

Au fond de la sacoche, placer la *musette de pansage* renfermant l'*étrille* et la *brosse en soie* appliquées l'une sur l'autre, le *torchon-serviette*, les *brides et sous-pieds d'éperons de rechange* et pour les sous-officiers, les *ciseaux de pansage*.

Au-dessus, introduire successivement la *longe en chaine*, la *musette-mangeoire* (6) et l'*éponge*.

70. Une fois la sacoche garnie, boucler la courroie supérieure de sacoche en engageant son contresanglon et son boucleteau dans les passants de la sacoche. Rabattre le recouvrement et le boucler, puis, par-dessus le recouvrement, boucler la courroie inférieure de sacoche. Enfin boucler la courroie de charge en amenant sa boucle à l'aplomb de celle de la courroie inférieure de sacoche.

Engager les extrémités de toutes ces courroies dans les passants coulants convenablement placés.

---

(1) Un seul sachet pour le personnel des groupes à cheval attachés aux divisions de cavalerie.
(2) Pour *garnir un sachet à pain de guerre*, mettre 6 galettes dans chaque sachet; à cet effet, former au fond du sachet une première rangée de 3 galettes placées de champ l'une contre l'autre; disposer au-dessus et de la même façon une seconde rangée de 3 galettes, mais à angle droit sur la première. Fermer le sachet au moyen de la ligature.
(3) Rouler la corde à fourrage sur la main et le coude, puis la fixer en son milieu par deux demi-clefs. Pour la placer dans la sacoche, la plier encore en deux.
(4) Dans l'*artillerie de montagne* seulement. Ces vivres individuels comprennent, pour les hommes des unités de France, *deux boîtes individuelles de viande de conserve* de 300 grammes et un *sachet individuel pour vivres de réserve* renfermant d'un côté 2 rations de sucre cristallisé, et, de l'autre, 2 tablettes de café et 2 tablettes de potage salé.
(5) Voir n° 123.
(6) Dans l'*artillerie de campagne*, les hommes pourvus d'un cheval de selle qui marchent normalement avec des voitures attelées en guides ne placent pas la musette-mangeoire dans la sacoche, mais l'utilisent pour transporter les 2 kilos d'avoine de route, ainsi qu'il est dit plus loin, n° 86.

⌖ 1. — Chargement éventuel complémentaire
des sacoches.

1° **Sacoche gauche.** — Les hommes détenteurs d'une *cisaille* portent celle-ci, enfermée dans son étui, à l'extérieur et en avant de la sacoche gauche, le boucleteau inférieur de sacoche passé dans le passant de l'étui sous ce dernier, la courroie de charge passée sur la partie inférieure de l'étui (1).

Dans l'artillerie de montagne (2), les hommes pourvus d'un cheval de selle portent, à l'extérieur et en avant de la sacoche gauche, les *petits piquets*, le *cordeau de tirage* et, le cas échéant, les deux *éléments de support brisé de tente-abri*.

Le paquet formé avec ces accessoires de tente est préparé de la manière suivante : Placer les deux éléments de support l'un contre l'autre, orientés dans le même sens. Placer les deux petits piquets le long des supports, la tête des piquets arasant le bout évidé de ceux-ci, les tenons en dehors. Serrer le tout avec le cordeau de tirage, dont un premier tour isolera les supports des piquets, et dont les autres tours seront disposés entre les tenons et les pointes des deux petits piquets, enserrant l'ensemble des accessoires de tente (3). Pour les fixer sur la sacoche, faire passer sur l'ensemble, juste sous les tenons des piquets, le boucleteau inférieur de sacoche, et entourer le tout, vers la pointe des piquets, avec le boucleteau de la courroie de charge, avant de boucler celle-ci.

2° **Sacoche droite.** — Les hommes montés pourvus d'un cheval de selle qui ont en consigne un *seau en toile* (4) placent celui-ci à plat sur la sacoche droite, le fond tourné à l'extérieur. Ils le fixent avec la courroie de charge qui passe entre le fond du seau et son croisillon.

3° **Sac à avoine.** — Dans l'artillerie de montagne, tous les hommes montés et, facultativement, dans l'artillerie de campagne, ceux que leur service retient en général loin de leur unité (*agents de liaison, éclaireurs, plantons à cheval, vaguemestre*, etc.), après avoir enfermé les 2 kilos d'avoine

---

(1) Pour se servir de la cisaille, la retirer de son étui en laissant ce dernier fixé à la sacoche.

(2) Dans l'*artillerie de campagne*, les accessoires de tente-abri sont toujours chargés sur les voitures.

(3) Dans les *unités alpines*, les hommes ne recevant pas de supports brisés, le cordeau de tirage n'enserre que les petits piquets, sous les tenons.

(4) Les effets collectifs de campement ne sont qu'exceptionnellement remis en consigne à des hommes montés pourvus d'un cheval ou d'un attelage. En tous cas, seuls les seaux en toile peuvent être fixés au paquetage de l'homme.

de route de leur cheval (1) dans leur sac à avoine, fixent celui-ci en avant des sacoches (2).

Pour préparer le sac à avoine, introduire l'avoine au fond du sac et la répartir en deux masses, une contre chacun des bords, puis rouler le sac en commençant par le fond. Prendre par le milieu le boudin ainsi formé, le secouer légèrement pour rassembler l'avoine dans les bouts, puis le tordre d'un tour au milieu pour le maintenir fermé et lui donner l'étranglement nécessaire.

Pour fixer le sac à avoine à la selle, entourer l'étranglement avec la courroie de pommeau, puis attacher les bouts contre le devant des sacoches au moyen des courroies de charge et des courroies inférieures de sacoches.

3º Fixer la charge de derrière de la selle.

72. Fixer le manteau sur la selle. — Le *manteau* étant roulé comme il est dit nº 56, le placer sur les pointes de la selle, le milieu dans l'axe du troussequin, la fente du rouleau en arrière, tournée vers le bas et placée au-dessous du bord libre du portefeuille.

Introduire les deux *courroies de manteau* de haut en bas, le côté noirci en avant, dans les crampons latéraux du troussequin et les boucler autour du manteau en cintrant celui-ci de manière à lui faire suivre le contour de la selle. Serrer fortement les deux courroies en ramenant les boucles à la partie supérieure du manteau et rouler, s'il y a lieu, l'extrémité du contresanglon.

Fixer ensuite à chaque extrémité du manteau une courroie de paquetage (qui sera dite *courroie de bout de manteau*) en opérant de la manière suivante : passer le bout libre du contresanglon dans le passant fixe, puis dans la boucle de la courroie, en engageant l'ardillon de la boucle dans le trou du contresanglon qui se trouve le plus éloigné de l'extrémité libre; entourer ensuite le bout du manteau, à environ un travers de main de son extrémité, avec le contresanglon, en amenant vers l'avant la ganse précédemment formée et vers l'extérieur la boucle de la courroie, dans laquelle on revient fixer le contresanglon en serrant fortement le bout du manteau.

En sellant le cheval, engager chaque contresanglon simple d'arrière de la selle dans la ganse de la courroie de bout de manteau correspondante, avant de le boucler à la sangle.

Le manteau ainsi fixé aura ses extrémités légèrement inclinées vers l'avant.

---

(1) Voir nº 123.
(2) Dans l'*artillerie de campagne*, les hommes qui doivent ainsi transporter l'avoine de route de leur cheval peuvent l'enfermer simplement dans la musette-mangeoire et placer celle-ci à l'intérieur de la sacoche droite.

73. Dans l'artillerie de montagne (1), les hommes montés portent sur les pointes d'arçon de la selle, et sous le manteau, la *toile de tente-abri* pliée de la manière suivante :

La toile étant étendue, la plier en deux perpendiculairement à la couture du milieu, et rentrer les cordeaux à piquets entre les deux épaisseurs d'étoffe. Rabattre un petit côté d'environ 20 centimètres, puis replier les grands côtés sur eux-mêmes, de manière que leurs bords libres viennent se recouvrir légèrement au milieu de la toile, et former ainsi un rectangle allongé d'environ 140 centimètres sur 35 centimètres.

Faire un portefeuille de 20 centimètres environ en repliant à nouveau le petit côté déjà plié, amener l'autre petit côté contre l'ouverture du portefeuille; plier en deux la partie extérieure au portefeuille, puis encore une fois en deux et empocher.

Le paquet ainsi formé, placé sur les pointes d'arçon, sous le manteau, est pris avec ce dernier dans les deux courroies de manteau.

74. Fixer le sabre à la selle. — Le *sabre* étant muni de sa *dragonne* et de la gaine de fourreau en toile cachou, le suspendre au porte-sabre, la garde en avant en passant la courroie du porte-sabre dans l'anneau du bracelet du fourreau.

Le sabre n'est fixé à la selle qu'une fois le cheval sellé. Il doit passer sous le manteau, la garde sortant entre celui-ci et la partie arrière du quartier de la selle (2).

On enlève toujours le sabre avant de desseller.

Dans les **unités alpines,** les hommes munis d'un cheval de selle, lorsqu'ils ne font pas usage de leur *bâton ferré*, le suspendent à la courroie de porte-sabre. Après avoir engagé la courroie dans l'anneau du sabre, ils lui font faire un tour sur la poignée du bâton avant de la boucler (3).

75. Fixer la sacoche de maréchal ferrant. — Avant de fixer son manteau sur la selle, le maréchal ferrant monté accroche au crampon de croupière le crochet central de la

---

(1) Dans l'*artillerie de campagne*, les toiles de tente-abri sont toujours chargées sur les voitures.

(2) Comme il est impossible, sans gêner le cavalier et risquer de le blesser, de relever suffisamment la garde du sabre pour qu'elle ne touche plus le manteau, les corps sont autorisés à protéger le manteau dans la région où il frotte sur le sabre par une demi-guêtre, en drap de même nuance, fixée d'un côté sous la courroie de bout de manteau et maintenue de l'autre par un lacet de même nuance que le drap.

(3) Percer au besoin un trou supplémentaire à l'extrémité libre du contresanglon.

courroie de suspension de sa sacoche; les deux extrémités de cette courroie seront ramenées entre le manteau et la pointe d'arçon de droite.

Une fois le cheval sellé, la *sacoche de maréchal ferrant* est suspendue par ses deux dés supérieurs, le contresanglon de fermeture à l'extérieur, aux deux crochets qui terminent la courroie de suspension.

4° Dispositions éventuelles.

76. *Lorsque l'homme porte le manteau*, les deux courroies de manteau et les deux courroies de paquetage sont déposées dans la sacoche droite, sous la musette-mangeoire (1).

Lorsque l'homme porte le manteau en sautoir, les deux courroies de paquetage sont déposées dans la sacoche droite (1).

Lorsque l'homme porte le bourgeron au lieu de la veste en drap, cette dernière, convenablement pliée, remplace dans le sac d'homme monté le bourgeron et le pantalon de treillis. Celui-ci, s'il ne peut tenir dans le sac, est alors placé à plat sous la patelette.

Le sac à avoine peut être utilisé pour transporter de l'avoine, sur le cheval ou sur les voitures. De même, la *musette-mangeoire*.

B. — HOMME MONTÉ POURVU D'UN ATTELAGE A LA DAUMONT

1° Garnir le sac d'homme monté.

77. Comme pour l'homme monté pourvu d'un cheval de selle (n°s 65 et 66).

2° Garnir les sacoches.

78. En principe, les sacoches sont portées par le sous-verge (2). Elles peuvent n'être fixées sur la sellette qu'après avoir été garnies. Les courroies d'intérieur de sacoche, sans emploi, sont simplement engagées dans les deux mortaises du chapelet, et bouclées à l'intérieur des sacoches.

La courroie de pommeau, également sans emploi, est

---

(1) Les courroies de paquetage sont placées au trousse-quin, s'il y a lieu, pour maintenir la toile de tente.
(2) Toutefois, si, pour éviter l'aggravation de blessures, ordre est donné d'enlever la sellette ou de diminuer la charge du sous-verge, les sacoches sont fixées sur le devant de la selle du porteur, comme pour le cheval de selle (n° 67).

engagée dans le passant fixe du chapelet et bouclée autour de la partie la plus étroite de celui-ci, la boucle sur le dessus.

Pour fixer les sacoches à la sellette, les placer en travers de celle-ci, les ouvertures des poches à fers en arrière (1). Engager de chaque côté une courroie de paquetage (*courroie de charge*) d'arrière en avant, la chair en dessus, successivement dans le crampon postérieur de la sellette, dans la passe cousue sous le chapelet et dans le crampon antérieur de la sellette.

Que les sacoches soient garnies antérieurement ou postérieurement à leur mise en place sur la sellette, on désigne toujours par *sacoche droite* (*gauche*) celle qui, une fois cette mise en place réalisée, se trouvera à droite (à gauche) du sous-verge.

79. Garnir la sacoche gauche. — Comme pour l'homme monté pourvu d'un cheval de selle (n° 68), sauf qu'on y place *deux surfaix*, et qu'on n'a jamais à y placer de vivres individuels de réserve.

80. Garnir la sacoche droite. — Comme pour l'homme monté pourvu d'un cheval de selle (n° 69), sauf qu'on y place *deux longes en chaîne et deux musettes-mangeoires*.

81. Lorsque les sacoches sont garnies, boucler la courroie supérieure de sacoche en engageant son contresanglon et son boucleteau dans les passants de la sacoche. Rabattre le recouvrement et le boucler, puis, par-dessus le recouvrement, boucler la courroie intérieure de sacoche.

Après avoir, s'il y a lieu, fixé les sacoches sur la sellette, boucler les courroies de charge en les serrant fortement et en amenant leurs boucles à l'aplomb de celles des courroies inférieures de sacoche.

Engager les extrémités de toutes les courroies dans les passants coulants convenablement placés.

Les *courroies de brêlage des sacoches* cousues à la partie inférieure des quartiers de la sellette doivent être bouclées dans les chapes inférieures des sacoches, mais seulement après que le sous-verge a été fortement sanglé, sans quoi on risquerait de rebrousser les extrémités des quartiers de la sellette. Il suffit d'ailleurs que ces courroies soient légèrement tendues pour empêcher le ballottement des sacoches.

---

(1) Les sacoches se trouvant tournées en sens contraire sur la sellette du sous-verge ou sur la selle du porteur, il convient d'en échanger les chargements lorsqu'on doit les faire passer de l'une sur l'autre.

82. Chargement éventuel extérieur des sacoches. — Sacoche droite. — Comme pour l'homme monté pourvu d'un cheval de selle (n° 71-2°).

3° Fixer la charge de derrière de la selle.

83. Fixer le manteau sur la selle. — Comme pour l'homme monté pourvu d'un cheval de selle (n° 72).

4° Dispositions éventuelles.

84. Comme pour l'homme monté pourvu d'un cheval de selle (n° 76).

C. — HOMME MONTÉ POURVU D'UN ATTELAGE EN GUIDES

1° Garnir le sac d'homme monté.

85. Comme pour l'homme monté pourvu d'un cheval de selle, n°s 65 et 66, mais sans y mettre le *sac à avoine*.

2° Garnir le sac à avoine.

86. Enfermer dans le sac à avoine les effets que les conducteurs à la Daumont placent dans les sacoches, c'est-à-dire :

2 sachets à pain de guerre, garnis (1) ;
La *corde à fourrage* ;
Les *surfaix*, sauf un, s'il y a lieu (n° 88) ;
La *musette de pansage* renfermant :

     L'*étrille* et la *brosse en soie*,
     Le *torchon-serviette* entourant l'*éponge*,
     Le *seau en toile* si l'homme en possède un,
     Les *brides et sous-pieds d'éperons de rechange* ;

Les *longes en chaîne* des chevaux de l'attelage ;
La *gamelle individuelle* contenant le pain destiné au repas du soir et dont le couvercle est maintenu par une ficelle attachée aux deux anses ;
Les *musettes-mangeoires* des chevaux de l'attelage, et, s'il y a lieu, des chevaux de selle rattachés normalement à la voiture, chaque musette contenant *2 kilos d'avoine* (2).
Le sac à avoine ainsi garni est solidement ficelé à environ deux travers de main de son ouverture.

---

(1) Un seul sachet pour le personnel des groupes à cheval attachés aux divisions de cavalerie.
(2) Avoine de réserve pour les unités attachées aux divisions de cavalerie ; avoine de route prélevée sur l'avoine du jour dans les autres unités (Voir les n°s 123 et 132).

3° Préparer le manteau.

87. Les hommes montés pourvus d'un attelage en guides roulent toujours leur *manteau* comme pour le porter en sautoir (n°s 56 et 57), mais ils le déposent sur la voiture qu'ils conduisent.

4° Préparer le ballot des couvertures.

88. Les conducteurs en guides plient les *couvertures* de leurs chevaux en deux, liteaux contre liteaux, les roulent en un seul ballot et les attachent avec un *surfaix*.

Toutefois, les chevaux des attelages à un portent leur couverture sous la sellette; il convient également de maintenir une couverture sous le panneau de porteur (1) lorsque le harnachement en comporte un.

5° Préparer les ferrures.

89. Les conducteurs en guides forment un paquet avec les ferrures des chevaux de leur attelage, et, s'il y a lieu, des chevaux de selle rattachés à leur voiture, en procédant de la façon suivante :

Appliquer les deux fers antérieurs de la *ferrure* d'un cheval l'un sur l'autre, tournés dans le même sens; appliquer de même l'un sur l'autre les deux fers postérieurs de la même ferrure, puis placer ces deux couples de fers l'un sur l'autre, tournés en sens contraires, les pinçons de l'un entre les éponges de l'autre et dirigés vers l'intérieur. Réunir les quatre fers par deux liens (2) passés dans les étampures qui se correspondent le mieux.

Empiler toutes les ferrures ainsi préparées l'une sur l'autre; introduire dans la cavité centrale les *clous* et *crampons* (3) enveloppés dans des chiffons et maintenir le tout avec une corde (et des chiffons si possible).

6° Dispositions éventuelles.

90. *Lorsque l'homme porte le manteau,* les deux courroies de manteau sont placées dans le sac à avoine.

Lorsque l'homme porte le bourgeron au lieu de la veste en drap, cette dernière convenablement pliée remplace dans le sac d'homme monté le bourgeron et le pantalon de

---

(1) En principe, les courroies de paquetage des panneaux de porteur restent sans emploi. Elles sont roulées aussi serré que possible; les deux courroies postérieures maintiennent les étriers relevés.

(2) Ficelle quelconque, ou mieux fil de fer.

(3) 40 clous et 32 crampons par cheval.

treillis. Celui-ci occupe la place disponible par suite de l'absence du sac à avoine.

D — HOMME MONTÉ OU NON MONTÉ MUNI D'UN HAVRESAC

1° Garnir le havresac.

91. Le havresac étant posé à plat sur une table et ouvert, y placer les effets dans l'ordre suivant :

A plat, sur le fond du havresac, de manière à former une sorte de matelas :

Le *mouchoir*, plié en quatre ;
La *chemise*, pliée de façon à couvrir complètement et également la surface intérieure du sac et placée le dos en dessus.

Contre le bas du sac :

Les *deux sachets à pain de guerre* garnis (1), disposés ligature contre ligature ;
Le *caleçon*, roulé de la largeur du sac, placé au-dessus du pain de guerre.

Contre le haut du sac :

Les *brodequins* (2) disposés les dessus l'un contre l'autre, les talons opposés, les quartiers rabattus sur les semelles, et renfermant, l'un : le *morceau de savon* et la *trousse garnie* dans laquelle on place les *lacets de rechange*, et, s'il y a lieu, la *clef à crampons* (3) et la *ficelle pour le nettoyage de l'arme* (4) ; l'autre : les *effets de petite monture* [brosses (5) et boîte à graisse], des chiffons pour le nettoyage de l'arme et, le cas échéant, le *nécessaire d'armes* que l'homme a en consigne (6).

Dans l'espace disponible :

Le *pantalon de treillis*, roulé de la largeur du sac ;
Les *courroies de manteau* ou, pour les vélocipédistes, la *courroie de sautoir* ;
Pour les chefs de pièce, le *couteau à ouvrir les boîtes de conserves* ;

---

(1) Un seul sachet pour le personnel des groupes à cheval attachés aux divisions de cavalerie. — Pour la manière de garnir les sachets, voir n° 68 en note.
(2) Brodequins légers en toile cachou pour les hommes non montés.
(3) Ordonnances des officiers montés, conducteurs de mulets (de bât ou en guides) et sous-officiers non montés de l'artillerie de montagne.
(4) Hommes armés du mousqueton.
(5) La brosse à habit enveloppée, le cas échéant, dans des chiffons propres.
(6) Dans les *batteries à cheval*, les hommes n'ayant pas de brodequins de rechange, placent tous ces objets dans un chiffon, de manière à former un paquet allongé qui, convenablement ficelé, est placé contre le bas du sac à la place du second sachet à pain de guerre.

Et, dans l'artillerie à pied et l'artillerie de montagne, les *vivres individuels de réserve* (1).

A plat, au-dessus du pantalon de treillis et du caleçon, la *serviette* pliée aux dimensions convenables, et, au-dessus des brodequins, le *bonnet de police* (2).

Fermer ensuite le compartiment intérieur du sac en bouclant les courroies et en nouant les lanières.

Puis, sur le sac ainsi fermé, étendre, en le plaçant le plus haut possible, le *bourgeron-blouse* (3) plié en carré d'une dimension un peu inférieure à celle de la patelette.

Dans la poche de la patelette, introduire :

Le *livret individuel ;*

Les *brides et sous-pieds d'éperons de rechange* (hommes montés seulement);

La *cravate* (vélocipédistes seulement).

Nouer les lanières qui ferment la poche, puis rabattre la patelette et boucler ses trois contresanglons dont on rentre les bouts en les engageant une seconde fois dans les passants fixes, entre le sac et le contresanglon.

92. Placer ensuite le sac verticalement dans la position qu'il occuperait sur le dos de l'homme, déboucler les courroies de charge préalablement mises en place (4) et procéder au chargement extérieur du havresac.

A cet effet, commencer en principe par fixer à plat sur le dessus du havresac la *capote* ou le *manteau* en procédant de la manière suivante (5) :

Rouler le vêtement comme il est dit au n° 56, puis le replier sur lui-même en trois, le bord libre du portefeuille

---

(1) Pour les unités de France, *2 boîtes individuelles de viande de conserve*, de 300 grammes, et *1 sachet individuel pour vivres de réserve* contenant d'un côté 2 rations de sucre cristallisé et de l'autre 2 tablettes de café et 2 tablettes de potage salé.

(2) Sauf dans les *unités alpines* où les hommes ne reçoivent pas de bonnet de police.

(3) Dans les *batteries à cheval*, le bourgeron, roulé de la largeur du sac, est placé contre le haut de celui-ci, à la place des brodequins; dans les *unités alpines*, le bourgeron qui n'est pas emporté, est remplacé par le *jersey* lorsque l'homme ne porte pas cet effet.

(4) Pour mettre en place, s'il y a lieu, les courroies de charge du havresac, opérer comme il suit :

Engager les *courroies supérieures de capote* d'avant en arrière, la chair en dessus, dans les passes latérales du dessus du sac;

Engager de même la *grande courroie de charge* dans les chapes métalliques du dessus du sac, la passer de haut en bas dans la chape qui est au bas de la patelette, puis une deuxième fois, de bas en haut, dans la chape qui est en haut de la patelette.

(5) Les *vélocipédistes* portent normalement leur *collet-manteau* sur le guidon de leur machine, roulé à une longueur un peu inférieure à la largeur de ce guidon. Les deux pattes d'épaules, boutonnées à des boutons spéciaux et passées sur le guidon, supportent le collet en le maintenant convenablement roulé.

à l'extérieur de chaque pli, pour former une spirale à spires aplaties. Placer ensuite l'effet ainsi préparé à plat sur le dessus du havresac, le gros pli à gauche, l'ouverture du portefeuille tournée vers le bas, et le fixer avec les deux courroies supérieures de capote que l'on serre fortement en amenant la boucle sur le milieu du vêtement; rouler les extrémités libres de ces courroies.

Au-dessus de la capote ou du manteau (1) et à l'aplomb du milieu du sac, placer la *gamelle individuelle*, le couvercle en dessus et la chaînette en avant, après y avoir enfermé le *pain* destiné au repas du soir. La maintenir avec le bout libre de la grande courroie de charge que l'on fait passer par-dessus le couvercle en traversant les deux anses et l'anneau. Serrer fortement et rentrer l'extrémité de la courroie sous le manteau ou la capote.

93. Le cas échéant, le chargement extérieur du havresac est complété de la manière suivante :

Dans **l'artillerie de montagne** et dans **l'artillerie à pied,** lorsque les hommes sont pourvus de la tente-abri (2), ils placent directement sur le dessus du sac, sous la capote, la *toile de tente* pliée comme il est dit n° 73.

Les **hommes pourvus d'effets de pansage,** autres que les conducteurs de mulets bâtés (3) préparent ces effets de la manière suivante pour les charger sur le havresac :

Replier la partie inférieure de la *musette de pansage* sur une hauteur de 15 centimètres environ, contre le pli ainsi formé, introduire la *brosse en soie* et l'*étrille* piquées l'une sur l'autre, puis à côté l'*éponge* enveloppée dans le *torchonserviette* plié en quatre parallèlement à sa longueur, fermer ensuite la musette en rabattant la partie supérieure, restée libre, sur la partie inférieure.

Introduire au fond du *sac à avoine* étendu à plat, le long d'une de ses coutures latérales, la *musette de pansage* préparée comme il vient d'être dit, et contre celle-ci la *corde à fourrage* sommairement roulée entre le coude et la main, puis fermer le sac à avoine. A cet effet, replier sur ellemême la partie entièrement libre qui se trouve du côté de l'ouverture, rabattre sur la partie inférieure la partie doublée, puis rouler l'excédent de largeur du sac autour du paquet formé par la corde à fourrage et les effets de pansage.

----

(1) Directement sur le dessus du havresac pour les vélocipédistes.
(2) Dans l'*artillerie de campagne*, on forme toujours les ballots collectifs avec les toiles de tente-abri et leurs accessoires (n° 97).
(3) Hommes montés non pourvus d'un cheval ou d'un attelage (sauf les conducteurs des officiers d'administration non montés); hommes non montés d'ordonnances d'officiers montés, conducteurs en guides et conducteurs de mulets nus dans l'artillerie de montagne.

Placer ensuite le sac à avoine ainsi préparé à plat sur le dessus du havresac (ou au-dessus de la toile de tente si l'homme en possède une), sous la capote (ou le manteau).

Les **conducteurs de mulets bâtés** placent, entre la toile de tente et la capote, le *sac à avoine* vide (1) plié en trois dans le sens de la longueur, puis en quatre dans le sens de la largeur.

94. Dans l'artillerie de campagne et dans l'artillerie à pied (2), les hommes pourvus d'une *petite couverture de campement* préparent celle-ci de la manière suivante : la couverture étant étendue à plat, la plier en trois, parallèlement au grand côté pour former un rectangle d'environ 35 centimètres de large ayant la longueur de la couverture. A partir d'un des petits côtés de ce rectangle, faire une série de plis alternés, distants d'environ 20 centimètres, de manière à disposer la couverture en accordéon.

Celle-ci est ensuite chargée à plat sur la capote (ou le manteau), maintenue par les deux courroies supérieures de capote; puis, la gamelle individuelle est fixée comme il est dit n° 92.

95. Dans l'artillerie de montagne et dans l'artillerie à pied, les hommes pourvus de la tente-abri préparent les *petits piquets*, le *cordeau de tirage* et, s'il y a lieu, les deux *éléments de support brisé de tente-abri*, comme il est dit au n° 71, puis les fixent en arrière et à gauche du havresac.

A cet effet, avant de garnir le sac, introduire une des courroies de manteau dans la mortaise postérieure du flanc gauche, de l'extérieur vers l'intérieur, et la faire ressortir du havresac par la mortaise antérieure. Entourer la pointe des piquets avec le boucleteau de cette courroie avant de la boucler; entourer de même les supports et les piquets, au-dessous des tenons de ceux-ci, avec la courroie supérieure de capote, la fleur du cuir en dehors, en faisant repasser le bout libre du contresanglon au-dessous de la courroie.

Dans les **unités alpines,** les hommes non montés placent le *bâton ferré* en avant et contre les petits piquets, le bout pointu arasant le bas du havresac, le bec recourbé tourné en avant. Le bâton est maintenu par les mêmes courroies que les petits piquets.

---

(1) La musette de pansage renfermant les effets de pansage, la corde à fourrage et le surfaix est accrochée au bât du mulet, en arrière et à droite.

(2) Dans *l'artillerie de montagne*, les couvertures de campement sont en principe chargées sur les mulets.

96. Transport des ustensiles collectifs de campement.
— Les hommes, auxquels des ustensiles collectifs de campement sont affectés, chargent ceux-ci sur leurs havresacs de la manière suivante :

1° Dans toutes les unités :

Sac à distribution. — Le sac à distribution, plié aux dimensions convenables, est placé sous la patelette du havresac.

Moulin à café. — L'homme qui a en consigne un moulin à café, place dans son étui-musette le pain qui normalement devrait être enfermé dans la gamelle individuelle (n° 92). Celle-ci est placée sur le haut du chargement du havresac, comme il est dit au n° 92, en disposant toutefois le couvercle sous le fond de la gamelle, l'anneau en dessous, la chaînette en avant. Le moulin à café fermé, contenant sa manivelle, est introduit dans la gamelle (1), le couvercle en dessus; puis le tout est fixé avec la grande courroie de charge engagée dans les anses de la gamelle et dans celle du moulin, en passant sur la tête carrée de l'arbre.

Hachette. — La hachette est placée en arrière du havresac, le fer à droite, le manche maintenu horizontalement le long du bord supérieur du sac. La courroie supérieure de capote de gauche entoure l'extrémité libre du manche; celle de droite fait un tour sur la partie étranglée du fer.

2° Dans les unités d'artillerie de montagne ou d'artillerie à pied seulement (2) :

Marmite de campement. — La grande courroie de charge étant engagée seulement dans les deux chapes de dessus du sac et dans la chape inférieure de la patelette, placer la marmite sur le milieu de la patelette, la concavité tournée du côté du sac, le couvercle en haut. Passer la grande courroie de charge par-dessus la marmite, en maintenant l'anse contre celle-ci, puis l'engager successivement dans le passant horizontal de la marmite, dans le passant du couvercle, et enfin dans la chape supérieure de la patelette. Fixer ensuite la gamelle individuelle comme il est prescrit.

Gamelle de campement et seau en toile. — Placer le seau en toile dans la gamelle, le croisillon en dessus. La grande courroie de charge étant engagée seulement dans

---

(1) Au besoin, caler le moulin à café dans la gamelle avec quelques chiffons propres.
(2) Dans l'*artillerie de campagne*, les marmites, gamelles, seaux en toile et lanternes sont chargés directement sur les voitures.

les deux chapes de dessus du sac, poser la gamelle contenant le seau sur le milieu de la patelette, l'ouverture contre le sac, les chapes de la gamelle vers le haut et le bas du sac. Passer la grande courroie de charge successivement entre le croisillon et le fond du seau, dans la chape du bas de la patelette, dans les deux chapes de la gamelle en passant sur le fond de celle-ci, puis dans la chape supérieure de la patelette. Fixer ensuite la gamelle individuelle comme il est prescrit.

Seau en toile. — La grande courroie de charge étant engagée seulement dans les deux chapes de dessus du sac et dans la chape inférieure de la patelette, poser le seau à plat sur la patelette, le fond à l'opposé du sac. Passer la grande courroie de charge sur le fond du seau, mais sous le croisillon, puis dans la chape supérieure de la patelette. Fixer ensuite la gamelle individuelle comme il est prescrit.

Lanterne. — Le mode de transport de la lanterne dépend du type de celle-ci; en principe, elle est placée sur la patelette et sous la courroie de charge, et fixée de manière à ne pouvoir glisser latéralement.

2° Préparer le ballot des tentes-abris.

97. Lorsque dans l'artillerie de campagne les hommes sont pourvus de *tentes-abris*, on réunit plusieurs toiles et les accessoires qui les accompagnent pour former des ballots qui sont chargés sur les voitures.

A cet effet, les accessoires correspondant à chaque toile étant préparés comme il est dit n° 74, étendre plusieurs toiles à plat l'une sur l'autre, en croisant les coutures médianes, et rentrer tous les *cordeaux à piquets* entre les toiles. A peu de distance d'un des bords, vers son milieu et parallèlement à lui, disposer les accessoires par couches de deux paquets placés tête-bêche, de manière que les tenons des piquets d'un paquet correspondent aux bouts libres des éléments de support brisé de l'autre.

Replier d'environ 40 centimètres les côtés des toiles qui sont perpendiculaires aux paquets d'accessoires, puis d'environ 30 centimètres pour former le portefeuille, le petit côté opposé aux accessoires. Rouler ensuite les toiles autour des accessoires en commençant par le bord opposé au portefeuille et empocher.

Le ballot ainsi obtenu a environ 70 centimètres de long.

3° Dispositions éventuelles.

98. *Lorsque l'homme porte la capote (ou le manteau),* la gamelle reste fixée comme il est dit n° 92, mais repose soit directement sur le dessus du sac, soit sur les effets qui surmontent celui-ci.

Lorsque l'homme porte la capote (ou le manteau, ou le collet-manteau) *en sautoir*, le havresac ne contient ni courroie de manteau, ni courroie de sautoir. S'il y a lieu, le bâton ferré est pris à la main et les accessoires de tente-abri sont fixés par les deux courroies supérieures de capote, contre le haut du havresac.

Lorsque l'homme porte le pantalon de treillis, il place dans son havresac son pantalon de drap (ou sa culotte) retourné et convenablement plié.

Lorsque l'homme porte le bourgeron, il place à plat, sous la patelette de son havresac, sa veste en drap convenablement pliée, la doublure à l'extérieur.

Lorsque le sac à avoine est utilisé pour transporter de l'avoine ou d'autres effets, la corde à fourrage, roulée à la longueur voulue, est enfermée dans la musette de pansage, et celle-ci est placée seule sous la capote ou le manteau.

99. Dans l'artillerie de montagne, on décharge fréquemment les hommes de la majeure partie du chargement extérieur du havresac.

La *capote*, la *toile de tente*, les *accessoires de tente-abri* et, s'il y a lieu, le *sac à avoine*, préparés comme il est dit pour les placer sur le sac, sont liés avec les deux *courroies de manteau*. Les paquets ainsi préparés sont placés, en général par quatre, en surcharge sur certains mulets, soit directement, soit enfermés dans des sacs à avoine disponibles.

Le *bâton ferré* est alors pris à la main.

La *gamelle* et les *ustensiles de campement* restent fixés au havresac.

100. Les **conducteurs de fourgons de l'artillerie de montagne** garnissent leur havresac comme il est prescrit nos 94 et suivants, mais sans y placer leur *sac à avoine*.

Dans celui-ci ils chargent :

Les *longes en chaînes ;*

Les *surfaix*, sauf un destiné à maintenir le rouleau des couvertures;

Les *couvertures*, préparées comme il est dit au no 88;

Les *musettes-mangeoires* contenant chacune *2 kilos d'avoine de route*,

pour tous les animaux de leur attelage. Le sac à avoine est ensuite solidement ficelé à environ deux travers de main de son ouverture.

Ces hommes préparent également les ferrures des animaux de leur attelage comme il est dit no 89.

101. Les ordonnances des officiers pourvus de plusieurs chevaux enferment dans leur sac à avoine tous les effets attribués aux chevaux non montés par leur officier et qui ne peuvent être portés par les chevaux eux-mêmes.

E — HOMME NON MONTÉ MUNI D'UN SAC EN TOILE CACHOU (1)

1° Garnir le sac en toile cachou.

102. Étendre la *toile de tente* et replier d'environ 45 centimètres les deux côtés parallèles à la couture médiane; marquer fortement les deux plis qui seront ainsi distants de 70 centimètres, puis étendre de nouveau la toile de tente.

Au milieu de la toile, contre l'un des plis et perpendiculairement à celui-ci poser la *capote* roulée comme pour la fixer sur le havresac (n° 92) et maintenue roulée par les deux *courroies de manteau*.

A la suite de la capote, placer l'un sur l'autre : le *mouchoir*, le *caleçon*, la *chemise*, la *serviette*, le *pantalon de treillis* et, s'il y a lieu, le *bourgeron-blouse* ou le *jersey* pliés à la largeur de la capote, et à une longueur telle qu'ils viennent toucher le second pli.

Par-dessus les effets ainsi disposés, mettre les *brodequins* légers en toile cachou préparés comme pour être chargés dans le havresac (n° 91), les *sachets à pain de guerre* et les *vivres individuels de réserve*, les *accessoires de tente-abri* et, s'il y a lieu, le *bonnet de police* (2), les *ciseaux de pansage* (3), le *couteau à ouvrir les boîtes de conserve* (4) ou le *sac à avoine* (5) préparé comme pour être chargé sur le havresac (n° 91).

Replier ensuite la toile de tente, perpendiculairement à la couture médiane, sur ce chargement, et rabattre les deux extrémités libres.

Mettre le *livret individuel* dans la poche intérieure du sac, puis engager dans le sac le rouleau préparé dans la toile de tente, en ayant soin de placer l'ouverture de la toile du côté opposé à l'ouverture du sac.

Boucler les cinq contresanglons de fermeture du sac par-dessus le *bâton ferré* si celui-ci n'est pas porté à la main.

---

(1) Sous-officiers non montés, infirmiers et ordonnances d'officiers dans l'*artillerie de montagne.*
(2) Unités d'*Afrique.*
(3) Sous-officiers.
(4) Chef de pièce.
(5) Ordonnances d'officiers.

Sur le flanc opposé à la poche intérieure, fixer la *gamelle individuelle* contenant le pain destiné au repas du soir, son couvercle appliqué contre le sac, en passant la courroie porte-gamelle dans les deux anses et sur le fond de la gamelle.

2° Dispositions éventuelles.

103. *Lorsque l'homme porte le manteau, sur lui ou en sautoir*, les courroies de manteau seules sont placées dans le sac, s'il y a lieu.

Lorsque l'homme porte le bourgeron (1) *ou le pantalon de treillis*, les effets de drap sont substitués dans le sac à ces effets de toile.

F — HOMME MOMENTANÉMENT ISOLÉ

104. Lorsqu'un homme se trouve momentanément séparé de son unité, il emporte avec lui tout son paquetage et, s'il y a lieu, les effets affectés à ses chevaux, y compris leur ferrure et leur avoine de route.

Toutefois, les vivres et fourrage de réserve qui ne sont pas répartis en permanence ne sont pas emportés.

IV — ÉTIQUETTES DES PAQUETAGES

105. Pour permettre aux hommes de reconnaître facilement leurs effets lorsque les paquetages sont confectionnés, on leur remet un certain nombre d'étiquettes en toile de forme carrée, d'environ 8 centimètres de côté (2).

Chaque étiquette porte en son milieu le nom et le numéro matricule de l'homme.

Ces étiquettes sont délivrées à raison d'une par :

Sac d'homme monté, havresac, ou sac en toile cachou.
Paire de sacoches.
Sac à avoine.
Jeu de 2 courroies de manteau ou courroie de sautoir (3).

---

(1) Batteries de montagne d'*Afrique*.
(2) Ces étiquettes sont confectionnées à l'avance, sans frais, à l'aide de morceaux prélevés sur les effets de toile hors service.
Les batteries du temps de paix doivent conserver dans leurs magasins, sans inscription, les étiquettes qui seront nécessaires pour satisfaire à la mobilisation tous leurs besoins, états-majors rattachés compris, s'il y a lieu.
Les étiquettes nécessaires pour toutes les unités de nouvelle formation sont confectionnées de même par les soins des corps mobilisateurs, et conservées avec les lots de réserve de guerre de ces unités.
(3) Cette étiquette sert à reconnaître le manteau, lorsqu'il est roulé pour être porté en sautoir.

Elles sont cousues aux emplacements ci-après :

Sac d'homme monté. — Sur la face extérieure de la patelette, le long de son bord libre, entre les deux contre-sanglons de fermeture, en respectant la poche intérieure de la patelette.

Havresac. — Sur la face qui porte sur le dos de l'homme au milieu et le long de son bord supérieur.

Sac en toile cachou. — Au milieu du flanc qui ne porte pas la courroie de gamelle, en respectant la poche intérieure.

Sac à avoine. — Sur un des côtés, à égale distance des coutures latérales et à environ 40 centimètres du bord inférieur.

Sacoches. — En fourreau autour du boucleteau inférieur de la sacoche qui doit se trouver à droite sur la selle et à gauche sur la sellette, en veillant à ce que l'inscription soit apparente sur la face extérieure du boucleteau.

Courroies de manteau (ou de sautoir). — En fourreau autour d'une des courroies, le plus près possible de la boucle, en veillant à ce que l'inscription soit apparente sur la face extérieure de la courroie.

ARTICLE III

ALIMENTATION EN CAMPAGNE

I — PRINCIPES GÉNÉRAUX

106. L'alimentation des troupes en campagne est assurée conformément aux prescriptions de l'*Instruction du 15 février 1909 sur l'alimentation en campagne*, complétée, pour les détails du fonctionnement du service, par diverses instructions spéciales, en particulier par l'*Instruction du 23 janvier 1910 sur le service de l'approvisionnement*.

Sauf avis contraire, le service de l'arrière expédie chaque jour, aux points de contact avec l'avant (*Gares de ravitaillement ou têtes d'étapes*), un jour complet de pain, petits vivres, lard et avoine, pour la totalité des effectifs à desservir en chaque point.

C'est le ravitaillement quotidien auquel peut être joint un envoi d'autres denrées spécialement demandées par les corps et qui constitue le *ravitaillement éventuel*.

Les **officiers d'approvisionnement** trouvent chaque jour, aux gares de ravitaillement (têtes d'étapes), les vivres nécessaires au chargement des trains régimentaires de leurs corps.

Après la distribution faite aux unités, ils recomplètent les trains par des achats ou des réquisitions sur place, de manière à n'aller chercher le lendemain, aux gares de ravitaillement (têtes d'étapes), que les denrées qu'ils n'ont pu se procurer sur le pays.

Si, d'ailleurs, l'éloignement des gares de ravitaillement (têtes d'étapes) est trop considérable pour que les trains régimentaires puissent s'y rendre et rejoindre ensuite leur cantonnement sans avoir à parcourir de trop longs trajets, ils sont recomplétés auprès des convois administratifs de corps d'armée et ce sont ceux-ci qui vont ensuite se ravitailler aux points de contact désignés.

107. Les achats et réquisitions sont utilisés normalement pour assurer le ravitaillement des voitures à viande et des trains régimentaires, notamment en avoine. Certaines denrées (foin, paille, combustible, liquides) sont en principe entièrement tirées du pays pour être distribuées directement aux troupes.

108. Les troupes exploitent, en principe, les ressources de leur cantonnement (1).

L'officier d'approvisionnement dirige, sous l'autorité du commandant de cantonnement, cette exploitation qu'il fait exécuter par le personnel de son train régimentaire, mais avec le concours initial, pour la recherche des ressources, du *personnel du campement* et des *gradés des unités*.

Le **chef de campement,** après avoir procédé à la répartition du cantonnement, doit en effet toujours s'enquérir, auprès de la municipalité et des habitants, des ressources locales en vivres, bétail, fourrages, combustibles, etc.

Les **fourriers,** en reconnaissant leur cantonnement, recherchent et notent les ressources qui s'y rencontrent.

A l'arrivée de l'officier d'approvisionnement, le chef du campement lui transmet tous les renseignements recueillis.

Dès que la troupe a pris possession de son cantonnement, les *gradés* poursuivent, dans le secteur attribué à leur unité, les recherches nécessaires pour découvrir les ressources locales. Les renseignements recueillis sont centralisés par *l'officier de service,* qui les transmet à l'officier d'approvisionnement.

109. Exceptionnellement, il peut arriver que le ravitaillement normal ne puisse être exécuté en temps utile. Tout commandant de troupe doit alors prescrire, de sa propre initiative, les mesures nécessaires pour assurer en

_____

(1) Dans les localités où se trouvent réunis plusieurs corps, le commandant du cantonnement règle les conditions dans lesquelles les officiers d'approvisionnement de ces corps devront procéder à l'exploitation des ressources locales.

temps utile la subsistance de ses hommes et de ses chevaux, en recourant aux procédés d'alimentation suivants, et en les combinant au besoin :

Exploitation des ressources locales par achat ou par réquisition ;
Fourniture de repas par les habitants ou les municipalités ;
Consommation des vivres de réserve, en totalité ou en partie.

Ils doivent toutefois s'efforcer de maintenir intactes, le plus longtemps possible, les réserves de vivres de la troupe.

110. Exploitation des ressources locales. — Les commandants d'unités sont tous pourvus, à cet effet, de carnets à souches, de factures et de quittances, pour les achats, et de carnets à souches d'ordres de réquisition et de reçus de prestations requises, pour le cas où il est nécessaire de procéder par voie de réquisition.

Ils se conforment alors entièrement aux prescriptions de l'Instruction sur l'alimentation en campagne, et de l'Instruction sur le service de l'approvisionnement.

Tout commandant de troupe ou chef de détachement est d'ailleurs autorisé, même sans être porteur d'un carnet de réquisition, à requérir, sous sa responsabilité personnelle, les prestations nécessaires aux besoins journaliers des hommes et des chevaux placés sous ses ordres. Les réquisitions ainsi exercées sont toujours faites par écrit et signées; elles sont établies en double expédition : l'une reste entre les mains du maire qui reçoit l'ordre de réquisition, l'autre est adressée immédiatement, par la voie hiérarchique, au commandant du corps d'armée. Il est donné reçu des prestations reçues.

111. Nourriture chez l'habitant. — La fourniture des repas, par convention amiable avec les habitants, n'est généralement demandée que pour des détachements d'effectif restreint.

Mais, par réquisition, des repas peuvent être fournis à des unités entières. La réquisition est toujours adressée à la municipalité; un reçu global lui est délivré pour tous les repas fournis. Lorsque la réquisition est faite par l'officier d'approvisionnement, les commandants d'unités établissent des bons pour les demi-journées de nourriture ainsi fournies à l'unité.

112. Consommation des vivres de réserve. — Elle ne doit être prescrite qu'en cas de nécessité absolue. Le remplacement des vivres consommés donne lieu à une demande de ravitaillement éventuel.

II — RATIONS ALLOUÉES AUX TROUPES

113. Rations de vivres.

DENRÉES.	RATION de VIVRES de réserve.	RATION FORTE.	RATION NORMALE.
	kilogr.	kilogr.	kilogr.
Pain { Pain ordinaire........	»	0,750	0,750
ou Pain biscuité....	»	0,700	0,700
ou Pain de guerre (en galettes de 5o gr.)..	0,300	0,600	0.600
Viande fraîche.............	»	0,500	0,400
ou Viande de conserve assaisonnée (en boîtes de 3oo gr.)	0,300	0,300	0,200
Lard (chaque fois que l'on distribue de la viande fraîche).	»	0,030	0,030
Potage salé (distribué en principe en même temps que la viande de conserve).......	0 050	0,050	0,050
Petits. vivres. { Légumes secs ou riz..	»	0,100	0,060
Sel..............	»	0,020	0,020
Sucre...........	0,080	0,032	0.021
Café torréfié { en tablettes de 36 gr.....	0,030	»	»
en grains ou en tablettes.	»	0.024	0,016
ou café vert.......	»	0,0285	0.019
Eau-de-vie.	1/16 de litre	»	»
A tout homme bivouaqué ou à titre exceptionnel. { Vin	»	1/4 de litre.	1/4 de litre.
ou Bière, ou cidre....	»	1/2 litre.	1/2 litre.
ou eau-de-vie.	»	1/16 de litre	1/16 de litre
En cas de mobilisation générale seulement (1). { Tabac caporal pour les officiers....	20 grammes par jour.		
Tabac de cantine (pour la troupe)...	1 paquet de 100 grammes par 7 jours.		

(1) Dans tout autre cas, le tabac est fourni aux troupes à titre onéreux, la ration journalière restant la même.

La *ration forte* est normalement allouée au cours des opérations actives; la *ration normale* est allouée pendant les stationnements de quelque durée, ou pour toute période de guerre n'imposant pas aux troupes de grandes fatigues; la *ration de vivres de réserve* n'est consommée qu'exceptionnellement, sur l'ordre du commandement.

114. Des suppléments de ration peuvent être alloués par le commandement à certaines troupes, dans les circonstances extraordinaires.

115. Pour faciliter l'exploitation des ressources locales et l'utilisation des denrées trouvées sur place, des **substitutions** peuvent être admises pour certaines denrées figurant dans les rations régulières.

L'Instruction sur l'alimentation en campagne indique les taux à adopter pour un grand nombre de ces substitutions, principalement pour celles qui concernent la viande ou les légumes.

116. Rations de paille de couchage. — Les rations de paille de couchage qui peuvent être allouées aux hommes, sur l'ordre du commandement, dans les circonstances exceptionnelles (1), sont fixées à :

5 kilos, en paille longue, ou 7 kilos, en paille courte.

117. Rations de combustibles.

CONDITIONS D'ALLOCATION.	BOIS.	CHARBON.
	kilogr.	kilogr.
1° *Cuisson des aliments et préparation du café.*		
Troupes en station, logées ou cantonnées chez l'habitant, lorsque ce dernier ne fournit pas le combustible........	0,850	0,530 (1)
Troupes campées, baraquées ou bivouaquées.............	1,010	0,630 (1)
Exceptionnellement, lorsqu'il n'y a lieu d'allouer que les rations pour la préparation du café..	0,050	0,030
2° *Chauffage d'hiver.*		
Aux troupes bivouaquées, et sur l'ordre du commandement aux autres troupes...........	1,000	0,600 (1)

(1) Il est alloué pour l'allumage 500 grammes de bois par 20 rations de charbon.

(1) Les troupes bivouaquées ont toujours droit à la demi-ration de paille de couchage.

Les officiers et les sous-officiers des corps de troupe ont toujours droit à deux rations de combustible par ration de vivre allouée.

Le commandement peut accorder des suppléments de ration de chauffage.

118. Rations de fourrages.

DENRÉES.	RATION DE GUERRE.			RATION de CHEMIN de fer (pour 24 heures).
	CHEVAUX des batteries à cheval.	CHEVAUX des autres unités.	MULETS.	
	kilogr.	kilogr.	kilogr.	kilogr.
Foin	3,500	2,500	2,500	5,000
Paille..............	2,250	2,000	2,000	"
Avoine.............	5,750	5,750	4,500	2,000

119. Les rations ainsi fixées n'ont d'ailleurs rien d'absolu; leur taux et leur composition doivent nécessairement varier selon la nature et l'importance des ressources des contrées où opèrent les armées.

Ces variations s'effectuent la plupart du temps par de simples **substitutions** réglées sur les bases fixées par l'Instruction sur l'alimentation en campagne.

III — VIVRES ATTRIBUÉS
AUX TROUPES EN TOUTES CIRCONSTANCES

A — VIVRES DU JOUR

120. En principe, il est distribué chaque soir, aux troupes, les denrées suivantes :

Le *foin* et la *paille*, pour les animaux;
Le *combustible* (1);
La *paille de couchage* et la *boisson*, s'il y a lieu;

pour la soirée et la nuit, jusqu'au départ du lendemain.

---

(1) Les logeurs ou la municipalité doivent en principe fournir gratuitement le combustible, ainsi que la lumière, aux troupes *logées ou cantonnées.*
Ces troupes ne reçoivent pas, en général, de paille de couchage.
Les *troupes bivouaquées* ont droit à la demi-ration de paille de couchage et au combustible pour le chauffage et la cuisson des aliments.
Ces denrées sont normalement achetées ou requises par les officiers d'approvisionnement.

La *viande fraîche* avec le *lard ;* ou la *viande de conserve* avec le *potage salé ;*	pour le repas chaud du soir et le repas froid du lendemain matin.
Le *pain ;* Les *petits vivres* (*légumes, sel, sucre* et *café*); L'*avoine ;*	pour toute la journée du lendemain (1).

121. Distributions. — Les vivres du jour sont distribués par l'officier d'approvisionnement, ou en son nom par un de ses adjoints, aux unités administratives représentées par leur maréchal des logis fourrier ou leur brigadier d'ordinaire.

Le *foin,* la *paille,* le *combustible,* les *liquides* autres que l'eau-de-vie, et, le cas échéant, les *légumes frais* substitués aux légumes secs, proviennent de l'exploitation des ressources locales (achat ou réquisition).

L'*eau-de-vie,* s'il y a lieu, est prélevée sur les vivres de réserve qui sont recomplétés dès l'arrivée du train régimentaire.

La *viande fraîche* et le *lard,* transportés dans la journée sur des voitures qui marchent au train de combat de l'unité (2), peuvent être livrés aux troupes dès leur arrivée.

La *viande de conserve* et le *potage salé,* lorsque les troupes doivent en consommer, sont prélevés sur les vivres de réserve qui sont recomplétés dès l'arrivée du train régimentaire.

Le *pain,* les *petits vivres* et l'*avoine,* qui ne seront consommés que dans la journée qui suit la distribution, proviennent seuls directement du train régimentaire (3).

Pour que l'alimentation de la troupe soit régulièrement assurée, il suffit donc que les voitures de la section de distribution (n° 125) du train régimentaire rejoignent leurs unités au cours de la nuit.

122. Achats de vivres sur les fonds de l'ordinaire. — Les commandants d'unités ont toute latitude pour varier ou augmenter la nourriture de leur troupe au moyen d'achats faits sur les fonds de l'ordinaire (achats directs aux commerçants locaux ou perceptions à titre remboursable près des trains régimentaires).

Les denrées achetées sur place peuvent remplacer une partie des vivres du jour alloués en nature à la troupe; les

_____

(1) Dans les unités attachées aux *divisions de cavalerie,* en principe, tous les vivres du jour sont distribués pour la soirée et la matinée du lendemain.

(2) En principe sur les voitures à viande; exceptionnellement sur les cuisines roulantes lorsque les unités en possèdent.

(3) Dans les *divisions de cavalerie* ces denrées sont autant que possible obtenues par exploitation des ressources locales.

moins-perçus réalisés dans ces conditions sont compensés, si les ressources des trains régimentaires le permettent (nº 129), lorsque les commandants d'unités jugent utile d'augmenter la ration journalière.

123. Transport des vivres du jour non consommés. — Les vivres du jour qui ne sont pas consommés entre leur distribution et le départ du lendemain matin, sont transportés dans les conditions suivantes (1) :

Repas froid (en principe une demi-ration de pain avec une demi-ration de viande). Dans l'étui-musette de chaque homme.

Pain destiné au repas du soir (restant de la ration). Dans la gamelle individuelle de chaque homme.

Légumes secs et sel (destinés au repas du soir). Pour l'ensemble de l'unité, dans des caisses ou des sacs, sur une voiture du train de combat (cuisine roulante, chariot de batterie ou chariot de parc) ou en surcharge sur des mulets (2).

Sucre et café (lorsqu'ils ne sont pas totalement employés à confectionner un café chaud distribué aux hommes le matin, avant le départ). Sur les voitures ou les mulets, dans un sac à avoine, ou dans des carrés de toile ligaturés confiés à certains hommes.

Avoine. — Répartie dès sa perception, en deux lots, suivant sa destination :

a) *Avoine de route* (2 kilos par animal) destinée en principe au repas du milieu de la journée du lendemain. Elle est chargée :

Dans les étuis porte-avoine (officiers);
Dans des sacs à avoine (normalement 1 par voiture dans l'artillerie de campagne, trains régimentaires exceptés ; 1 pour chaque cheval de selle de l'artillerie de montagne et, dans certains cas, de l'artillerie de campagne);
Dans les musettes-mangeoires (trains régimentaires; mulets de l'artillerie de montagne).

b) *Complément de l'avoine du jour* (destiné au repas du lendemain soir). Il est chargé pour l'ensemble de l'unité sur le chariot-fourragère ou à défaut sur une autre voiture de la section de réserve du train régimentaire.

---

(1) Les unités attachées aux *divisions de cavalerie*, touchant leurs vivres pour la soirée et la matinée du lendemain, n'ont à transporter que les *repas froids*.
(2) Le sel est en général enveloppé dans un carré de toile ligaturé. Dans l'*artillerie à pied*, lorsque aucune voiture n'accompagne la troupe, ces denrées sont confiées à certains hommes qui les transportent dans les marmites de campement fixées sur leurs havresacs.

B — Vivres du train régimentaire

124. La composition normale des vivres du train régimentaire est la suivante :

DENRÉES.	UNITÉS NON ATTACHÉES aux divisions de cavalerie.			UNITÉS ATTACHÉES aux divisions de cavalerie.		
	Taux de la ration forte.	Taux de la ration de vivres de réserve.	Taux de la ration de guerre.	Taux de la ration forte.	Taux de la ration de vivres de réserve.	Taux de la ration de guerre.
	2	3	4	5	6	7
	jours.	jours.	jours.	jours.	jours.	jours.
Pain biscuité...	2	//	//	1	//	//
Lard.........	2	//	//	1	//	//
Riz..........	1	//	//	1	//	//
Légumes secs...	1	//	//		//	//
Sel..........	2	//	//	1	//	//
Sucre........	1	1	//	//	1	//
Café.........	1	1	//	//	1	//
Viande de conserve assaisonnée........	//	1	//	//	1	//
Potage salé....	//	1	//	//	1	//
Eau-de-vie.....	//	1	//	//	1	//
Avoine........	//	//	2	//	//	1

Le train régimentaire peut aussi transporter du *foin pressé* lorsqu'il est impossible de trouver des fourrages dans le pays, et du *tabac* lorsqu'il y a lieu d'en distribuer aux troupes.

A ces vivres, il faut encore ajouter, pour les unités non attachées aux divisions de cavalerie, un jour de *viande fraîche abattue*, transportée au train de combat et également destinée à assurer les distributions journalières aux troupes.

Les fourgons à vivres des unités et de certains états-majors transportent tous ces vivres, sauf la viande fraîche (1)

_____

(1) La viande fraîche abattue est transportée par les voitures à viande ou les cuisines roulantes; pour faciliter les distributions, on transporte en général sur ces mêmes voitures la journée de *lard* qui doit être distribuée avec la viande fraîche.

et, le cas échéant, le foin pressé (1). Toutefois, dans l'artillerie de montagne, une journée de vivres peut être chargée sur les mulets du convoi muletier.

125. Les unités ne disposent pas en principe de leurs fourgons à vivres (2); ceux-ci sont réunis pour l'ensemble de tout le groupement géré par un même officier d'approvisionnement pour constituer avec les fourgons à bagages et chariots-fourragères le train régimentaire du groupement.

Ce train régimentaire, sauf pour les artilleries des divisions de cavalerie (3), est ensuite fractionné en trois sections suivant les règles ci-après :

Les deux premières sections comprennent chacune le nombre de fourgons à vivres nécessaires pour transporter un jour de vivres au taux de la ration forte pour tous les hommes et tous les chevaux du groupement, et, en plus, s'il y a lieu, des voitures de réquisition pour le transport du foin pressé. Ces deux sections permutent chaque jour entre elles. L'une est la *section de distribution* dont les vivres sont destinés à assurer la distribution du jour; l'autre est la *section de ravitaillement* dont les fourgons, vidés lors de la distribution précédente, doivent reprendre un jour de vivres, au point de ravitaillement.

La troisième section, dite *section de réserve*, comprend les chariots-fourragères, les fourgons à bagages, les chevaux de main qui ne peuvent marcher qu'au pas, et les fourgons à vivres nécessaires pour transporter :

1º Le supplément de sucre et de café correspondant à la différence qui existe, pour ces denrées, entre le taux d'une ration de réserve et celui d'une ration forte;

2º La viande de conserve, le potage salé et l'eau-de-vie;

3º Le tabac, lorsqu'il y a lieu d'en distribuer.

126. Les mouvements des trains régimentaires sont réglés par le commandement.

La *section de distribution* gagne le cantonnement de la troupe de manière qu'elle puisse y effectuer aussitôt que possible la livraison des vivres du jour. Après la distribution, cette section est, soit maintenue sur place, soit diri-

---

(1) Lorsque le train régimentaire reçoit du foin pressé, celui-ci est en général transporté sur des voitures de réquisition.
(2) Lorsqu'une unité est détachée temporairement, le commandant du groupement peut lui laisser, s'il le juge utile, la libre disposition de son train régimentaire.
(3) Dans les artilleries des divisions de cavalerie, le train régimentaire reste en principe groupé en une seule section.

gée sur un point de groupement choisi en raison du plus prochain ravitaillement.

La *section de ravitaillement*, après avoir été recomplétée, gagne le cantonnement du groupe ou s'en rapproche suffisamment pour pouvoir, le lendemain, assurer en temps utile les distributions.

La *section de réserve*, pendant les marches, est en général réunie à la section de distribution, mais elle peut ne pas être poussée jusqu'au cantonnement du groupe.

127. Lorsque les voitures à viande doivent assurer la distribution dès l'arrivée de la troupe aux cantonnements, elles marchent avec les batteries de combat. Si la troupe est dotée à la fois de cuisines roulantes et de voitures à viande, ces dernières peuvent marcher avec l'une des sections des trains régimentaires. Dans les deux cas, elles restent aux ordres des officiers d'approvisionnement.

128. Le train régimentaire reçoit, dès le départ de la garnison, son chargement complet en vivres, pain compris. Sa dotation initiale est déterminée en prenant pour base l'effectif de guerre normal des unités (officiers et troupe).

Quelles que soient les pertes, cette dotation n'est jamais modifiée au cours des opérations. Les vivres qui sont en excédent des besoins permettent de satisfaire, le cas échéant, aux demandes à titre remboursable des unités et aux demandes des parties prenantes étrangères (petits détachements, groupes d'isolés, officiers en mission).

129. Bons de distribution. — Les officiers d'approvisionnement ne délivrent les vivres qu'ils ont en charge qu'en échange de bons de distribution réguliers, datés et signés.

Pour faciliter les distributions, les quantités inscrites sur les bons des unités doivent être arrondies (1) :

Viande, avoine, fourrage, combustible, au kilo.
Sel, sucre, café, riz, légumes secs, lard, au demi-kilo.
Vin, bière, cidre, au litre.
Eau-de-vie, au quart de litre.

Les commandants d'unités ont d'ailleurs soin de compenser leurs bons dans le cours d'un trimestre.

130. Si les ressources dont dispose l'officier d'approvisionnement sont insuffisantes pour satisfaire à toutes les demandes, des réductions sont opérées, d'abord sur les

_____

(1) Le *tabac* se touche toujours par paquets entiers.

distributions à titre remboursable, puis, s'il est nécessaire, sur les distributions à titre gratuit.

131. Pour la *viande fraîche*, les troupes se procurent en général, par exploitation des ressources locales, le bétail qu'elles abattent elles-mêmes (1). Lorsqu'il est impossible de procéder ainsi, ou lorsqu'ils en reçoivent l'ordre, les officiers d'approvisionnement touchent de la viande fraîche, sur pied ou abattue, ou de la *viande demi-salée*, *frigorifiée* ou *congelée*.

C — Vivres de réserve

132. Les vivres de réserve comprennent, *au taux fixé pour ces vivres* (2):

DENRÉES.	UNITÉS NON ATTACHÉES aux divisions de cavalerie.	UNITÉS ATTACHÉES aux divisions de cavalerie.
Pain de guerre	2 jours.	1 jour.
Viande de conserve assaisonnée	2 —	1 —
Potage salé	2 —	1 —
Sucre	2 —	3 —
Café (en tablettes)	2 —	3 —
Eau-de-vie	1 —	1 —
Avoine	1 — (1)	2 kilogr.

(1) Au taux de la ration de guerre fixée n° 118.

133. Ces vivres sont perçus par les troupes avant leur départ des lieux de mobilisation.

(1) Les voitures à viande transportent une *série régimentaire d'outils de boucher* qui comprend le matériel nécessaire pour abattre le bétail.

(2) *En Afrique*, les troupes peuvent recevoir un supplément de vivres de réserve comprenant :

2 jours de pain biscuité (ou de farine);
2 jours de potage salé;
2 jours de sucre et café;
1 jour d'orge, la ration d'avoine normale étant d'ailleurs remplacée par une ration d'orge.

Ils sont portés dans le paquetage de l'homme ou sur les voitures qui marchent à la suite immédiate des troupes.

134. A tous les degrés de la hiérarchie, chacun doit veiller constamment à la conservation intacte de ces vivres : les commandants d'unités ou de détachement en sont responsables.

Ils ne sont consommés que lorsque tout autre mode d'alimentation est impossible, lorsque leur renouvellement devient nécessaire, ou sur un ordre du commandement.

Toutefois, une partie de l'avoine peut être consommée à l'arrivée au cantonnement, mais elle doit être remplacée aussitôt que possible (n° 123).

Dans tous les cas (perte, avarie ou consommation), les vivres de réserve disparus doivent être remplacés dans le plus bref délai possible, au moyen des vivres du train régimentaire ou des ressources locales. Une demande spéciale de ravitaillement est adressée d'urgence au commandement pour obtenir du pain de guerre (1) et pour remplacer les vivres fournis par les trains régimentaires.

IV — VIVRES
EXCEPTIONNELLEMENT ATTRIBUÉS
AUX TROUPES

A — VIVRES DE CHEMIN DE FER

135. L'alimentation des hommes pendant les transports de concentration qui suivent la mobilisation est assurée :

1° *Au moyen de vivres fournis par l'administration militaire, dans les lieux de mobilisation et touchés pour toute la durée du trajet*, à raison de :

375 grammes de *pain* et 150 grammes de *viande de conserve assaisonnée* par période de douze heures ou inférieure à douze heures;

2° *Au moyen de repas froids fournis par l'ordinaire*, à raison d'un repas par période de vingt-quatre heures.

Ces repas se composent de pain et de viande froide ou de charcuterie, de fromage ou d'autres denrées analogues. Ils sont achetés la veille du départ en quantité suffisante pour toute la durée du trajet;

(1) Le pain de guerre est momentanément remplacé, dans les vivres de réserve, par du pain biscuité.

3º *Au moyen de café chaud alcoolisé distribué dans les stations haltes-repas* à raison d'un quart de litre par homme et par période de douze heures.

En outre, les hommes peuvent, à leur passage dans les stations haltes-repas, remplir leurs petits bidons d'eau additionnée d'eau-de-vie ;

4º *En cas de besoins urgents ou imprévus*, des distributions de café chaud ou de viande de conserve pourront être faites par les stations haltes-repas, à charge de remboursement.

Les vivres de réserve ou de débarquement ne doivent en aucun cas être consommés pendant le trajet en chemin de fer.

136. Au départ du lieu de mobilisation, les vivres de l'administration et les repas froids sont placés dans l'étui-musette (1).

Les vivres sont consommés aux heures habituelles des repas, les chefs de pièce faisant ouvrir au moment opportun, s'il y a lieu, le nombre de boîtes de conserve nécessaire à l'aide du couteau dont ils disposent.

137. Pour **l'alimentation des chevaux** pendant les transports de concentration, les troupes touchent au départ de leur garnison du foin et de l'avoine en quantité proportionnée à la durée du trajet en chemin de fer, à raison de :

5 kilos de *foin*, 2 kilos d'*avoine* par cheval et par jour.

Les fourrages ainsi emportés sont, en général, transportés à la gare d'embarquement sur des voitures de corvée et répartis entre les wagons à chevaux. L'avoine est chargée dans les sacs à avoine des hommes désignés, à raison d'un sac par wagon.

En outre, à certaines stations haltes-repas, les chevaux sont *abreuvés* à l'aide de seaux en toile appartenant à la station.

B — VIVRES DE DÉBARQUEMENT

138. On appelle *vivres de débarquement* l'ensemble des vivres destinés à assurer les premières distributions journalières aux troupes, à leur arrivée sur la base de concentration, en attendant que le ravitaillement des trains régimentaires puisse être assuré d'une manière normale.

---

(1) Si le voyage doit durer plusieurs jours, une partie de ces vivres peut être déposée, dans des sacs, sur certaines voitures de l'unité ou dans les fourgons de service du train.

139. Les vivres de débarquement comprennent, *au taux de la ration forte :*

DENRÉES.	UNITÉS NON ATTACHÉES aux divisions de cavalerie.	UNITÉS ATTACHÉES aux divisions de cavalerie.
Pain	2 jours.	2 jours.
Riz	1 —	1 —
Légumes secs	1 —	1 —
Sel	2 —	2 —
Sucre	2 —	2 —
Café (torréfié, en grains)	2 —	2 —
Viande de conserve assaisonnée . .	"	1 —
Potage salé	"	1 —
Avoine	5 kg. 500	9 kg. (1)

(1) De manière à constituer, avec les 2 kilogr. d'avoine de réserve, deux rations de 5 kilogr. 500 d'avoine.

La ration de guerre de 5 kilogr. 750 attribuée à tous les chevaux de l'artillerie est complétée, si possible, au moment de la distribution, par exploitation des ressources locales.

140. Ces vivres sont perçus avant le départ du lieu de mobilisation par toutes les troupes (1), qu'elles voyagent par voie de fer ou par voie de terre.

Ces vivres sont transportés dans les voitures de l'unité dans lesquelles il y a de la place disponible (2) ou, si la place fait défaut, dans des voitures de corvée ou des voitures requises (3).

Les vivres de débarquement sont autant que possible ensachés, au besoin dans des sacs à distribution ou à avoine disponibles.

141. Les troupes voyageant par voie ferrée ne doivent sous aucun prétexte entamer leurs vivres de débarquement pendant le trajet en chemin de fer.

Les troupes voyageant par voie de terre peuvent prélever chaque jour une partie de ces vivres pour assurer les distributions journalières, mais les vivres ainsi prélevés

(1) Par exception, certaines troupes ayant une affectation spéciale ne reçoivent pas de vivres de débarquement.

(2) Chariot-fourragère, en principe, pour l'avoine.

(3) Pour le trajet en chemin de fer, les vivres de débarquement qui n'ont pu être chargés sur les voitures de l'unité sont, en principe, placés dans le fourgon de queue du train.

doivent être renouvelés par les commandants d'unités par voie d'achat ou de réquisition de manière qu'à leur arrivée sur la base de concentration les troupes aient leurs approvisionnements au complet.

ARTICLE IV

TRANSPORT DES EFFETS DES VIVRES, DES FERRURES, ETC.

---

§ 1 — ARTILLERIE DE CAMPAGNE

I. — Principes généraux.

142. Dans l'artillerie de campagne, les voitures transportent, en plus du chargement qui leur est affecté en permanence d'après les tableaux de constitution du matériel des unités :

1º Les sacs des hommes;

2º Les ustensiles collectifs de campement (1);

3º L'avoine de route de tous les chevaux non montés par des officiers (2);

4º Les ferrures de rechange des chevaux ainsi que les clous et les crampons;

5º Les vivres de réserve autres que le pain de guerre;

6º L'avoine de réserve;

7º La partie des vivres du jour qui ne doit être consommée qu'à l'arrivée au cantonnement (petits vivres et avoine) (nº 123);

8º Le matériel du service de santé ou du service vétérinaire qui ne trouve pas place dans des voitures spéciales;

9º Les bagages des unités, des états-majors et de leurs officiers;

10º Les vivres du train régimentaire ainsi que le matériel mis à la disposition des officiers d'approvisionnement;

11º *Éventuellement,* les vivres de chemin de fer et de débarquement (nºs 135 et 140).

---

(1) Sauf quelques seaux en toile portés par des sous-verges ou des chevaux de selle.
(2) Quelques chevaux de selle, montés par des gradés ou des hommes que leurs fonctions tiennent normalement éloignés des voitures, peuvent porter exceptionnellement l'avoine de route qui leur est destinée (nº 71-3º).

143. *Pour chaque unité, et, s'il y a lieu, pour l'état-major qui lui est rattaché, un tableau exact de chargement de toutes les voitures doit toujours être préparé dès le temps de paix. Il est annexé au carnet de mobilisation de l'unité.*

Ce tableau est établi en conformité des prescriptions données ci-après, en tenant compte de la répartition des hommes, des chevaux et des voitures entre les différentes pièces.

II. — Batterie montée de 75, mod. 1897.

A — BATTERIE DE COMBAT

1° Transport des sacs, du campement et de l'avoine de route.

144. Cases d'Armons. — *a*) **Sacs des conducteurs des voitures.** — Les sacs d'homme monté des conducteurs des voitures munies de cases d'armons sont placés dans la case d'armons de droite (côté des sous-verges).

Une fois la case d'armons chargée, la fermer en engageant chaque contresanglon du tablier dans la chape correspondante et en fixant son extrémité à l'olive, puis remettre le timon de rechange en place s'il y a lieu.

145. *b*) **Sacs des hommes pourvus d'un cheval de selle.** — Les sacs d'homme monté des gradés et hommes du cadre rattachés à chaque voiture sont placés au fond de la case d'armons de gauche de cette voiture (côté des porteurs).

c) **Avoine de route.** — Enfermer l'avoine de route des chevaux de trait de chaque voiture et des chevaux de selle qui y sont rattachés (12 à 18 kilos) dans le sac à avoine d'un des conducteurs et ficeler ce sac à environ un travers de main de l'ouverture.

Placer le sac à avoine ainsi préparé à l'entrée de la case d'armons de gauche de la voiture, puis fermer cette case comme il est dit n° 144.

146. Galeries porte-sacs. — Dans une batterie montée de 75, chaque avant-train de canon, de caisson et de forge est pourvu d'une **galerie porte-sacs pour batterie montée.**

Les galeries porte-sacs peuvent être mises en place chargées ou non.

a) **Havresacs.** — Les havresacs des trois hommes qui doivent prendre place sur un de ces avant-trains sont

chargés dans cette galerie, chacun derrière la place de son
détenteur.

Pour charger la galerie, rejeter les contresanglons de
bretelle en avant à l'opposé du volet. Déboucler les courroies de serrage et rabattre le volet vers l'arrière. Placer
les trois havresacs debout sur la planchette de fond, la
patelette en arrière, et les maintenir provisoirement, jusqu'à ce que le campement ait été chargé, en relevant le
volet et en bouclant, sans les serrer à fond, les courroies de
serrage extrêmes.

b) **Ustensiles collectifs de campement (1).** — Chaque
galerie porte-sacs reçoit à sa partie postérieure : à chaque
extrémité, *une marmite* dans son enveloppe; au centre,
deux gamelles, chacune dans son enveloppe, emboîtées
l'une dans l'autre, et renfermant *deux seaux en toile* placés
ouverture contre ouverture.

Ces ustensiles sont fixés uniquement au volet de la
galerie, de manière à permettre d'atteindre les havresacs
sans avoir à toucher au campement.

Pour fixer une marmite, l'appliquer par sa partie concave
à mi-hauteur du volet, le couvercle à droite et la poignée
en dessous, et la fixer à l'aide de la courroie d'ustensile
que l'on fait successivement passer : dans le crampon
latéral supérieur de la marmite, sur la barre de serrage du
volet autour de laquelle on fait un tour, sous la tringle de
galerie et enfin dans le crampon inférieur de la marmite.
Serrer fortement la courroie et rentrer son extrémité libre
entre la marmite et le havresac placé en avant.

Pour fixer l'ensemble des 2 gamelles et des 2 seaux en toile,
appliquer l'ouverture des gamelles contre le volet et les
fixer à l'aide d'une courroie d'ustensile (2) comme il a été
dit pour la marmite, en engageant cette courroie dans les
deux chapes de la gamelle extérieure, disposées sur une
même verticale, et sous le croisillon du seau le plus voisin
de la galerie.

Lorsque les ustensiles de campement sont placés, boucler les quatre courroies de serrage en entourant deux fois
la barre du volet et en serrant à fond.

Boucler les bretelles et engager l'extrémité libre de leurs
contresanglons entre la tringle et le havresac, puis entre
le havresac et la planchette de fond de la galerie. Rentrer
de même l'extrémité de toutes les courroies.

_____

(1) Les *moulins à café* et les *sacs à distribution* sont placés sur les
havresacs des hommes qui les ont en consigne (n° 96). Les *petites
couvertures de campement*, s'il y a lieu, sont fixées sur chaque havresac, au-dessus du manteau (n° 94). Environ *25 seaux en toile* sont
chargés sur les sacoches des chevaux de selle ou des sous-verges.
(2) L'homme qui a eu en consigne les gamelles, place dans son
havresac la courroie d'ustensile non utilisée.

c) **Tentes-abris** (s'il y a lieu). — Rouler les tentes-abris du personnel rattaché à une même voiture en deux ballots (n° 97) qui sont ensuite chargés sur la galerie.

A cet effet, avant de boucler les bretelles, placer en arrière des manteaux et des couvertures et au-dessus des ustensiles de campement, bout à bout, deux rouleaux de toiles de tentes. Boucler les bretelles sur le tout en serrant très fortement.

142. Chariot de batterie. — A l'intérieur de l'arrière-train, on charge : les *sacs d'homme monté* des conducteurs du chariot de batterie, des gradés rattachés à cette voiture ou marchant avec les attelages haut-le-pied et des conducteurs de ces attelages;

Les *havresacs* des trois hommes que transporte l'avant-train, de l'ordonnance du capitaine (1) et, le cas échéant, des hommes de l'unité qui sont pourvus d'une bicyclette;

Les ballots des *tentes-abris* de tous ces hommes;

Les sacs à avoine renfermant *l'avoine de route* des attelages du chariot de batterie, des attelages haut-le-pied, des chevaux de selle qui marchent avec eux, et du second cheval du capitaine.

Si le chargement intérieur de cet arrière-train l'exige, tous ces effets peuvent être placés entre le derrière de la voiture et la fourragère maintenue par ses chaînes sous une inclinaison un peu inférieure à 45°.

Les sacs d'homme monté et les ballots de tentes-abris sont alors préalablement groupés dans des sacs à avoine.

Les havresacs sont chargés de la manière suivante :

Entre la fourragère et le derrière de la voiture, placer d'abord, soit un sac à avoine partiellement rempli, soit une botte de foin ou de paille, de manière à combler le vide jusqu'à hauteur de l'épars le plus voisin des charnières de la fourragère. Disposer les havresacs perpendiculairement à l'essieu, leur partie inférieure reposant sur l'épars et sur le chargement initial. Disposer le restant du chargement à côté ou au-dessus des havresacs, puis brêler le tout à la fourragère à l'aide de cordes à fourrage.

Les *ustensiles de campement* qui n'ont pu trouver place sur les galeries porte-sacs des autres voitures sont fixés en arrière de la fourragère ou sur les côtés de l'arrière-train du chariot de batterie de la même manière que sur les volets des galeries. Si leur nombre l'exige, ils sont réunis dans un des sacs de batterie que l'on suspend à l'aide de sa corde de brêlage, à la perche mobile qui soutient le prélart.

---

(1) Et, s'il y a lieu, son *sac à avoine* (n° 101).

2° Transport des clous et ferrures de rechange et des crampons à glace.

148. En principe, les ferrures de tous les chevaux de la batterie de combat sont réparties de la manière suivante :

1° *24 fers et 240 clous* (ces derniers enveloppés dans des chiffons ficelés) :

Dans la case de droite de chaque avant-train de canon;
Dans la case de droite de chaque avant-train de caisson, sauf au cinquième caisson (1);
Dans le compartiment de devant, côté droit, de l'avant-train du chariot de batterie;

2° *16 fers et 160 clous* (ces derniers enveloppés dans des chiffons ficelés) :

Dans la case de gauche de l'avant-train du cinquième caisson;

3° *Le complément des fers* des chevaux de la batterie de combat (2) :

Au fond du coffre d'avant-train de la forge.

Les clous de ces dernières ferrures sont placés, soit dans le coffre d'avant-train de la forge, soit dans les boîtes à clous et crampons des avant-trains de canon (3).

Dans les avant-trains de canon et de caisson, les fers sont placés verticalement sur deux couches, chaque couche comprenant trois paquets de quatre fers préparés comme il est dit n° 89.

Les clous sont chargés au-dessus des fers ou dans les espaces libres.

Des chiffons ou des étoupes calent le chargement.

Dans les avant-trains de la forge et du chariot de batterie, les fers sont chargés à plat en opérant comme il suit :

Laissant les fers couplés par deux comme on les reçoit des magasins, former une première couche en disposant un certain nombre de ces demi-ferrures sur le fond du coffre, les pinçons en l'air, les fers voisins tournés en sens contraires et engagés l'un dans l'autre.

Sur chaque couche établir de même une nouvelle couche, mais en ayant soin de disposer alternativement les pinces

---

(1) La case de droite du cinquième caisson renferme du matériel microtéléphonique; une partie de la case de gauche est prise par la lanterne.
(2) Environ 200 fers pour une batterie n'administrant aucun état-major.
(3) Contenance moyenne des boîtes à clous et crampons : environ 800 clous avec 200 crampons, ou 1.100 clous, ou 700 crampons. Les clous peuvent rester en paquets de 5 kilos tels que les livre en général le commerce.

sur les talons et réciproquement. A la dernière couche, placer les pinçons vers le bas de manière que le chargement soit terminé par une surface plane.

149. Les *crampons à glace* sont en principe répartis entre les boîtes à clous et crampons des avant-trains de caisson.

3° Transport des vivres de réserve.

150. Les vivres de réserve, autres que le pain de guerre (1) et l'eau-de-vie, sont transportés pour tout le personnel de la batterie de combat, officiers compris, dans les avant-trains de canon et de caisson.

A cet effet, ils sont répartis en treize lots sensiblement égaux comprenant en moyenne :

20 boîtes individuelles de *viande de conserve*,
20 tablettes de *potage salé* dans un sachet collectif,
20 tablettes de *café* dans un sachet collectif,
1.600 grammes de *sucre* dans un sachet collectif dont la ligature devra être fortement serrée.

Les deux premiers lots sont chargés dans les cases du milieu des avant-trains de canon (viande de conserve aux première et troisième pièces; sachets collectifs aux deux autres pièces).

Les onze autres lots sont chargés dans les cases du milieu (viande de conserve) et de gauche (sachets collectifs) des caissons autres que le cinquième (2).

Les boîtes de viande de conserve, dont l'axe est dirigé parallèlement à l'essieu, doivent être calées en tous sens et recouvertes avec des étoupes ou des chiffons. Les sachets collectifs doivent également être calés pour éviter la détérioration des tablettes.

Le chargement de toutes les cases du milieu doit être fait de façon à ménager un dégagement suffisant pour le coulisseau du couvercle du coffre (3).

---

(1) Le pain de guerre est, en principe, chargé dans le paquetage des officiers ou de la troupe; une partie du pain de guerre des officiers est toutefois chargée sur les voitures, partie dans la case de droite de l'avant-train du cinquième caisson, sous les grands sacs du matériel microtéléphonique, partie dans des cases non entièrement remplies par des vivres de réserve qui y sont déjà chargés.

(2) Le cinquième caisson transporte dans son avant-train le matériel microtéléphonique de la batterie et des ferrures.

(3) Pour maintenir ce dégagement d'une façon permanente, on peut placer entre le chargement de la case et la paroi gauche de cette case, une planchette en volige de 30 centimètres de haut sur 13 centimètres de large, munie le long de chacun de ses grands côtés d'un liteau de 1 centimètre d'épaisseur, qu'on appuie contre la paroi.

Les matériaux nécessaires à la confection de ce dispositif seront, dès le temps de paix, fournis aux unités par les établissements gestionnaires du matériel.

151. L'*eau-de-vie* pour toute la batterie, train régimentaire et, s'il y a lieu, état-major compris, est transportée dans un récipient convenable chargé dans l'arrière-train du chariot de batterie.

4° Transport de l'avoine de réserve.

152. Dans la batterie de combat, l'*avoine de réserve* est transportée partie dans les coffres à avoine des caissons (45 à 50 kilos par caisson), partie dans le chariot de batterie, dans un certain nombre des sacs de batterie, dont est dotée cette voiture (1).

B — ÉTATS-MAJORS RATTACHÉS A UNE BATTERIE DE 75

1° Généralités.

153. A une batterie montée de 75 peuvent être rattachés :

a) Un *état-major d'artillerie divisionnaire ;*
b) Un *état-major d'artillerie de corps ;*
ou c) un *état-major de groupe.*

Toutes les places utilisables sur les coffres des avant-trains, étant, en principe, occupées par le personnel des batteries, le personnel à pied de l'état-major ne peut trouver place au train de combat que sur les voitures appartenant en propre à l'état-major, ou par substitution à un égal nombre d'hommes des unités (2).

Seul l'état-major de groupe dispose de voitures marchant avec les batteries de combat :

Voiture-observatoire transportant trois hommes sur son avant-train (3);

Voiture à viande, transportant, outre son conducteur, le boucher (4);

Voiture-médicale avec laquelle marche, outre son conducteur, le médecin auxiliaire (5).

----

(1) Chacun de ces sacs pouvant contenir au maximum 65 kilos d'avoine, il en faut cinq, en principe, pour une batterie n'administrant aucun état-major.

(2) Ces hommes marchent alors avec le train régimentaire de leur batterie. Exceptionnellement, ils peuvent être autorisés à faire usage d'une bicyclette; le commandant de groupe règle ces substitutions de manière à égaliser, autant que le permettent les circonstances, les charges des trois batteries.

(3) Servants fournis par les batteries du groupe, et remplacés, sur les coffres de ces unités, par trois hommes comptant à l'état-major.

(4) Les groupes de numéro pair, qui ne possèdent pas de voiture à viande, utilisent celles des groupes de numéro impair et y font monter leur boucher.

(5) Le médecin auxiliaire peut être autorisé à faire, à ses frais, usage d'une bicyclette.

2° Transport des paquetages des hommes rattachés aux voitures conduites en guides.

154. Les hommes de l'état-major de groupe qui sont rattachés à la *voiture à viande* ou à la *voiture médicale* se conforment aux prescriptions générales suivantes :

Le *conducteur de toute voiture conduite en guides* place dans la voiture, en principe sous le siège ou dans un coffret aménagé sous la planche de l'arrière-train :

1° Son *sac d'homme monté* ;

2° Son *sac à avoine*, garni comme il est dit n° 86 et contenant en particulier l'avoine de route de ses chevaux et des chevaux de selle qui marchent normalement avec sa voiture ;

3° Son *manteau*, préparé comme pour être porté en sautoir ;

4° Les *couvertures de ses chevaux*, roulées comme il est dit n° 88 ;

5° Les *ferrures* de ses chevaux et des chevaux de selle qui marchent normalement avec sa voiture, préparées comme il est dit n° 89 (1).

Les *hommes rattachés à une voiture conduite en guides* déposent également leur paquetage dans cette voiture.

Les *ustensiles de campement* que ces hommes ont en consigne sont en principe fixés à l'extérieur de la voiture, en assujettissant les courroies d'ustensile après les planches des ridelles d'une manière analogue à ce qui est prescrit n° 146-*b*. En cas de nécessité seulement, ils sont chargés dans les voitures.

Le cas échéant, les *tentes-abris* de ces hommes, roulées comme il est dit n° 97, sont déposées dans la voiture.

3° Transport des effets des hommes non rattachés aux voitures conduites en guides.

155. Les *ordonnances montés*, les *vélocipédistes*, et, dans un état-major d'artillerie divisionnaire ou de corps, le *vaguemestre*, chargent leurs paquetages dans le chariot de batterie de la batterie à laquelle est rattaché l'état-major (n° 147).

Le cheval du vaguemestre porte en général son avoine de route (n° 74-3°); celle des seconds chevaux des officiers est ajoutée à l'avoine de route des attelages haut-le-pied.

---

(1) Ces fers, clous et crampons sont, en principe, laissés à demeure sur les voitures.

Les hommes rattachés à la *voiture-observatoire* de l'état-major de groupe, se conforment entièrement, pour le chargement de leurs paquetages et de l'avoine de route de leurs chevaux, aux prescriptions des n°s 144 à 146.

4° Transport des vivres et de l'avoine de réserve, des clous et ferrures de rechange et des crampons à glace

156. — Les *vivres de réserve* du personnel (troupe et officiers) du train de combat de l'état-major sont transportés dans une caisse (1) chargée sur le chariot de batterie de l'unité à laquelle est rattaché l'état-major.

L'*avoine de réserve* de tous les chevaux du train de combat de l'état-major est ajoutée à la dotation normale de la batterie qui administre cet état-major.

157. La *voiture-observatoire* de l'état-major de groupe transporte 16 fers et 160 clous; les *voitures conduites en guides* transportent tous les clous et fers de rechange ainsi que les crampons à glace destinés à leurs chevaux.

Le restant des *fers*, des *clous* et des *crampons à glace* destinés aux chevaux de l'état-major est ajouté à la dotation normale de l'unité à laquelle est rattaché l'état-major et transporté dans l'avant-train de la forge.

5° Transport du matériel du service de santé ou du service vétérinaire.

158. Matériel du service de santé. — En principe, dans chaque groupe, le matériel du service de santé est entièrement transporté dans la voiture médicale de l'état-major.

Ce n'est qu'exceptionnellement que du matériel du service de santé doit être porté par les infirmiers et les brancardiers, ou chargé sur les voitures des unités.

Lorsqu'il y a lieu, le *sac d'ambulance* est placé debout sur le coffre où prend place l'infirmier, la base reposant sur le siège, le derrière appuyé contre la poignée de gauche; il est solidement fixé à cette dernière au moyen de ses bretelles.

159. Matériel du service vétérinaire. — En principe, dans chaque groupe, le service vétérinaire dispose d'une cantine vétérinaire et d'un sac d'ambulance vétérinaire.

---

(1) Caisse munie autant que possible d'un couvercle vissé; elle provient du matériel d'artillerie (chape de caisse à poudre, caisse de double approvisionnement, etc.) ou est fabriquée, dès le temps de paix, par l'établissement gestionnaire du matériel.

La *cantine vétérinaire* est transportée sur un des fourgons à bagages du groupe (n° 164).

Le *sac d'ambulance vétérinaire* est confié au maréchal-ferrant non monté qui marche avec la forge de la batterie à laquelle est rattaché l'état-major. Celui-ci le charge sur le coffre d'avant-train de cette voiture, la base reposant sur le siège, le derrière appuyé contre la poignée et le support articulé du dossier mobile; avec les bretelles dégagées des passes, il entoure le support articulé du dossier mobile et la poignée du coffre; il engage ensuite les contre-sanglons des bretelles dans leurs passes et les boucle à leurs boucleteaux.

C — TRAIN RÉGIMENTAIRE

1° Organisation du train régimentaire.

160. Le train régimentaire de chaque batterie est constitué par sa dernière pièce; mais, en principe, cette pièce ne dépend de son unité qu'au point de vue administratif (n° 125).

Dans le groupe, ces pièces sont normalement réunies pour former le train régimentaire du groupe, sous les ordres de l'officier d'approvisionnement assisté des gradés de ces pièces.

161. Dans le groupe de batteries montées de 75, les sections de distribution et de ravitaillement du train régimentaire comprennent chacune quatre fourgons à vivres; la section de réserve n'en comprend qu'un seul.

2° Transport des sacs, du campement, de l'avoine de route, des clous et ferrures de rechange et des crampons à glace.

162. Dans chaque section, tous les hommes sont rattachés à une voiture pour le transport de leur paquetage (n° 154); à la section de réserve, les paquetages sont chargés de préférence sur les chariots-fourragères.

Si le chargement intérieur des fourgons l'exige, les sacs que ces voitures doivent recevoir sont chargés comme il est dit n° 147, entre le derrière de la voiture et la fourragère maintenue par ses chaînes sous une inclinaison un peu inférieure à 45 degrés.

Les ustensiles de campement, lorsqu'ils ne peuvent être fixés à l'extérieur des voitures comme il est dit n° 154, sont brêlés à l'intérieur des fourgons, en fixant les courroies d'ustensile aux lames supérieures des cerceaux.

3° Transport des vivres et de l'avoine de réserve.

163. L'officier d'approvisionnement prend en consigne les vivres de réserve des hommes et l'avoine de réserve des chevaux du train régimentaire. Il les répartit en trois lots correspondants aux effectifs normaux des trois sections, et fait charger chaque lot sur un des fourgons de la section correspondante.

Les vivres sont en général placés dans le coffre de dessus de passage, dans une caisse; l'avoine est enfermée dans des sacs munis d'une étiquette indiquant la nature spéciale de leur contenu.

4° Chargement des fourgons à bagages.

164. Le groupe dispose de deux fourgons à bagages. L'un d'eux sert à l'état-major et à la première batterie du groupe; l'autre sert aux deux autres batteries.

Sur ces fourgons, on charge les bagages suivants :

Caisses à bagages, couvertures de campement, cantines à vivres et, s'il y a lieu, *toiles de tente avec leurs accessoires* des officiers et assimilés;

Caisses à bagages des adjudants et assimilés;

Cantine vétérinaire du groupe;

Caisses de comptabilité et *boîtes à livrets matricules* des unités ;

Caisses d'outils et d'approvisionnements pour les ouvriers des unités; et, le cas échéant, *caisse à bagages* et *caisses d'outils et de pièces d'armes* du chef armurier qui marche avec chaque batterie de corps.

Le personnel des états-majors d'artillerie divisionnaire ou de corps charge ses bagages sur les fourgons mis à sa disposition. Ceux-ci reçoivent également les *archives* de l'état-major.

5° Chargement des fourgons à vivres.

165. L'officier d'approvisionnement établit un tableau de chargement indiquant l'affectation et le mode de chargement de chaque fourgon à vivres. Les poids sont répartis aussi également que possible entre les voitures de chaque section.

Dans chacune des deux premières sections trois fourgons ne transportent en principe que de l'avoine; le quatrième, outre un complément d'avoine, reçoit les autres denrées et l'avoine de réserve des chevaux (1).

---

(1) Les sacs et récipients divers contenant les vivres du train régimentaire ou les vivres de débarquement sont délivrés aux parties prenantes, à titre de prêt, avec les vivres qu'ils contiennent. Les officiers d'approvisionnement doivent, au contraire, restituer aux magasins administratifs, avant leur départ, les sacs et récipients qui renferment les vivres de réserve et les vivres de chemins de fer.

Le fourgon à vivres de la section de réserve, outre les vivres énumérés au n° 125, porte le *petit outillage à distributions* et la *boîte à imprimés et à cartes* attribués à l'officier d'approvisionnement.

La *série régimentaire d'outils de boucher* est chargée sur la voiture à viande.

6° Chargement des chariots-fourragères.

166. Le chariot-fourragère de chaque batterie transporte habituellement, outre les paquetages des hommes qui lui sont rattachés :

L'avoine du jour pour tous les chevaux de la batterie, défalcation faite des 2 kilos d'avoine de route;

Le harnachement qui se trouve momentanément sans emploi (chevaux tués ou sérieusement blessés, etc.);

Certains bagages dont le transport par les fourgons à bagages n'est pas prévu (ballots d'effets pour le remplacement d'effets mis hors de service; marmites norvégiennes pour le café si les unités sont autorisées à en faire usage, etc.);

Au départ de la garnison, *l'avoine de débarquement*, et, s'il reste de la place, les autres vivres de débarquement (n° 140).

III. — Batterie de sortie de 75, modèle 1897.

A — BATTERIE DE TIR

167. Le chargement des voitures de la batterie de tir s'effectue comme il est dit n°s 144 et suivants pour les voitures de même espèce d'une batterie montée.

Tous les avant-trains de caisson renferment 24 fers avec 240 clous et un lot de vivres de réserve; les arrière-trains transportent de l'avoine de réserve.

Les boîtes à clous et crampons ne renferment que des crampons à glace.

B — ÉCHELON DE COMBAT

168. A l'échelon, on charge dans les galeries des arrière-trains de caisson :

Les *paquetages* de tous les hommes de l'échelon, *l'avoine de route* de tous les chevaux rattachés à ces voitures; les outils du maréchal-ferrant non monté, et, le cas échéant : une caisse contenant l'excédent des vivres de réserve, des paquets de ferrures préparés comme il est dit n° 89, le matériel du service de santé et du service vétérinaire, etc. Une corde à fourrage maintient le chargement à sa partie supérieure.

169. Sur la fourragère de chaque caisson on brêle un sac *d'avoine de réserve* (contenant 65 kilos au maximum).

Le brêlage se fait comme il sera dit n° 230.

170. Sous chaque avant-train est suspendue une *boîte n° 1 pour fers* qui reçoit deux ferrures complètes (8 fers et 80 clous).

Les quatre fers d'une même ferrure sont appliqués l'un sur l'autre, tous les quatre dans le même sens. Les deux ferrures sont placées à angle droit dans la boîte, l'une sur les pinces des fers, l'autre sur les éponges. Les clous sont placés en vrac dans les espaces libres.

IV. — Batterie à cheval de 75, modèle. 1897.

A — BATTERIE DE COMBAT

1° Rattachement de l'état-major de groupe.

171. A la première batterie de chaque groupe à cheval est rattaché un **état-major de groupe** dont le train de combat comprend :

1 sous-officier vaguemestre et *1 ordonnance* montés;

1 vélocipédiste ;

4 ordonnances et *1 brigadier infirmier* non montés;

1 petite voiture pour blessés qui transporte en principe son conducteur et un médecin auxiliaire. Ces deux hommes se conforment pour le transport de leur paquetage à ce qui est prescrit n° 154.

Les cinq hommes non montés occupent les places disponibles sur les coffres des échelons des deux batteries (1) et se conforment aux indications données ci-après pour le chargement des paquetages et du campement du personnel des batteries.

Les hommes montés et le vélocipédiste chargent leurs *paquetages* dans le chariot de batterie de la première batterie du groupe; celui-ci reçoit également une caisse con-

---

(1) En principe, aucun homme ne prend place sur l'avant-train du chariot à pétards; au caisson à munitions pour armes portatives, les places du coffre de devant de l'arrière-train sont seules occupées.

tenant les *vivres de réserve des hommes et des officiers qui marchent au train de combat du groupe.*

2° Transport des sacs, du campement et de l'avoine de route.

172. Charger les cases d'armons. — Comme pour la batterie montée (n°s 144 et 145) sans tenir compte des servants à cheval des cinq premières pièces.

Dans ces cinq pièces, certaines cases d'armons de gauche reçoivent en outre un *moulin à café* enveloppé dans un *sac à distribution.*

173. Charger les galeries porte-sacs de la batterie de tir. — Dans les cinq premières pièces, chaque avant-train de canon et de caisson est pourvu d'une *galerie porte-sacs pour batterie à cheval avec bâche.*

Les quatre servants à cheval (1) qui marchent avec chacune de ces voitures placent leurs *sacs d'homme montée* dans la poche de cette galerie (2).

Au-dessus (3), ils étendent le sac à avoine du garde-chevaux renfermant les 8 kilos d'*avoine de route* de leurs chevaux (4).

Puis, après avoir arrimé sur le volet les ustensiles de campement, comme il est dit n° 146, ils bouclent les courroies de serrage en les serrant à fond, après avoir entouré plusieurs fois la batte du volet, bouclent les bretelles, et rentrent le bout libre de tous les contre-sanglons dans la poche de la galerie. Ils serrent ensuite les deux courroies de fermeture de poche, puis placent la bâche sur la galerie (5).

174. Charger les galeries porte-sacs de l'échelon. — Les caissons des sixième et septième pièces et la forge sont pourvus de *galeries porte-sacs pour batterie montée* que l'on charge comme il est dit n° 146.

---

(1) Les deux ouvriers montés sont considérés comme servants à cheval de la cinquième pièce.

(2) *Pour charger la galerie*, rejeter les contre-sanglons de bretelle en avant, à l'opposé du volet et lâcher les courroies de serrage de la galerie, ainsi que les courroies de fermeture de la poche. Introduire les sacs jusqu'au fond de la poche, en les répartissant sur toute sa longueur.

(3) Placer auparavant les rouleaux de tentes-abris, s'il y a lieu.

(4) L'avoine de route, dans les batteries à cheval, se confond avec l'avoine de réserve.

(5) *Pour placer la bâche et la fixer sur la galerie*, l'étendre à l'envers sur le siège et fixer les contre-sanglons aux boucleteaux de bâche supérieurs; replier les appendices sur les extrémités du chargement; rabattre le grand rectangle portant les chapes par-dessus le tout; fixer les contre-sanglons aux boucleteaux de bâche inférieurs.

Engager de chaque côté la courroie mobile dans la chape supérieure, la faire passer autour de la tringle de la galerie, puis de bas en haut, dans les deux autres chapes et la boucler.

175. Caisson à munitions pour armes portatives. — Les conducteurs et les hommes pourvus d'un cheval de selle rattachés à cette voiture placent leurs sacs d'homme monté, ainsi qu'un sac à avoine renfermant l'avoine de route de leurs chevaux, dans l'un des sacs de batterie de la voiture et brêlent celui-ci sur le dessus du coffre de l'avant-train de la manière suivante :

Équiper d'abord le sac avec la corde de brêlage en formant trois liens arrêtés chacun par un nœud simple et placés perpendiculairement à la longueur du sac au quart, à la moitié et aux trois-quarts de celui-ci. Laisser dépasser aux extrémités deux bouts égaux. Placer ensuite le sac à plat sur le coffre, les nœuds en dessus, et le fixer solidement aux poignées à l'aide des deux bouts libres de la corde qu'on arrête au moyen de nœuds faciles à défaire rapidement.

Les hommes qui doivent monter sur le coffre de devant de l'arrière-train placent leurs havresacs dans le second sac de batterie de cette voiture, et brêlent celui-ci, comme il vient d'être dit, sur le coffre de derrière de l'arrière-train.

2 marmites, 2 gamelles et 2 seaux en toile sont fixés à plat sur le marchepied de l'avant-train de la même manière que sur le volet de la galerie porte-sacs, en faisant avec la courroie d'ustensile un tour sur la planche de devant.

176. Chariot à pétards. — Les conducteurs du chariot à pétards, et, s'il y a lieu, les hommes pourvus d'un cheval de selle rattachés à cette voiture, placent leurs sacs d'homme monté et l'avoine de route de leurs chevaux dans le sac de batterie de la voiture et brêlent celui-ci sur le dessus du coffre de l'avant-train, comme il est dit nº 175.

2 marmites, 2 gamelles et 2 seaux en toile sont fixés à plat sur le marchepied de l'avant-train, comme il est dit nº 175.

177. Chariot de batterie. — Comme pour la batterie montée, en tenant compte, s'il y a lieu, du personnel de l'état-major rattaché à cette voiture.

Tous les ustensiles de campement qui n'ont pu trouver place sur les voitures sont réunis dans un des sacs de batterie du chariot de batterie et déposés dans cette voiture (1), à l'exception des seaux en toile qui sont confiés à des hommes montés.

---

(1) Il peut être avantageux, pour éviter la dégradation de ces ustensiles, de suspendre le sac qui les contient, à l'aide de sa corde de brêlage, à la perche mobile qui soutient le prélart.

178. Effets des servants démontés. — Lorsque des servants se trouvent démontés par suite du feu de l'ennemi ou de toute autre cause, le capitaine assure le transport, sur les voitures de l'unité, des effets de ces hommes et du harnachement de leurs chevaux en utilisant de préférence le chariot de batterie, et en s'attachant à conserver à sa batterie la plus grande mobilité et toute sa valeur au point de vue du combat.

3° Transport des clous et ferrures de rechange et des crampons à glace.

179. En principe, les ferrures de tous les chevaux de la batterie de combat sont répartis de la manière suivante :

1° *24 fers et 240 clous* (ces derniers enveloppés dans des chiffons ficelés) :

a) Dans la case de droite de chaque avant-train de canon ou de caisson ;

b) Dans le compartiment de devant, côté droit, de l'avant-train du chariot de batterie ;

2° *Le complément des fers* des chevaux de la batterie de combat et éventuellement de l'état-major (1) :

a) Moitié dans le fond du coffre de l'avant-train de la forge ;

b) Moitié dans les caisses (2) chargées dans l'arrière-train du chariot de batterie.

Les clous de ces dernières ferrures sont placés, soit dans le coffre d'avant-train de la forge, soit dans les boîtes à clous et crampons des avant-trains de canon.

Les chargements de fers sont réalisés comme il est dit n° 148.

Les *crampons à glace* sont en principe répartis entre les boîtes à clous et crampons des avant-trains de caisson.

4° Transport des vivres de réserve.

180. Les vivres de réserve, autres que le pain de guerre (3) et l'eau-de-vie, sont transportés, pour tout le personnel de la batterie de combat, officiers compris, dans les avant-trains de canon, de caisson et de chariot de batterie.

---

(1) Les ferrures des chevaux d'attelage de l'état-major sont transportées sur les voitures attelées par ces chevaux.
(2) Caisses confectionnées dès le temps de paix par les soins des abonnataires.
(3) Voir le renvoi (1) de la page 93.

A cet effet, ils sont répartis en huit lots sensiblement égaux comprenant en moyenne :

21 boîtes individuelles de *viande de conserve ;*
21 tablettes de *potage salé* dans un sachet collectif ;
63 tablettes de *café* dans deux sachets collectifs ;
5.040 grammes de *sucre* dans trois sachets collectifs dont les ligatures devront être fortement serrées.

Le premier lot est chargé dans les cases du milieu des avant-trains de canon (viande de conserve aux 1re et 3e pièces ; potage salé et café à la 2e ; sucre à la 4e).

Six autres lots sont chargés dans les avant-trains de caisson, dans les cases du milieu (un demi-lot de viande de conserve à chaque caisson), et de gauche (potage salé et café aux caissons impairs, sucre aux caissons pairs).

Le dernier lot est chargé dans le compartiment de devant, côté gauche, de l'avant-train du chariot de batterie.

Ces divers chargements sont réalisés en observant les prescriptions du n° 150.

Eau-de-vie : Comme au n° 151.

5° Transport du matériel du service de santé ou du service vétérinaire.

181. Matériel du service de santé. — En principe, le matériel du service de santé est entièrement transporté dans chaque groupe dans la petite voiture pour blessés.

Lorsque, exceptionnellement, un infirmier non monté reçoit en consigne du matériel, il en assure le transport comme il est dit n° 158. Dans les mêmes conditions, un infirmier monté charge ce matériel sur le paquetage de son cheval, ou le brêle sur le chariot de batterie de son unité, de manière qu'il reste facilement accessible.

Matériel du service vétérinaire. — Comme dans un groupe monté (n° 159).

B — TRAIN RÉGIMENTAIRE

182. Mêmes principes que dans le groupe de batteries montées (n°s 160 et suivants).

Toutefois, les voitures du train régimentaire ne forment qu'une seule section.

Le fourgon à bagages sert à la fois pour l'état-major et les deux batteries du groupe. En plus des bagages indiqués au n° 164, il transporte pour chaque batterie un sac contenant *20 paires de brodequins de rechange.*

Les chariots-fourragères, qui ne portent pas d'avoine, sont utilisés concurremment avec les fourgons à vivres, pour le transport de l'avoine du train régimentaire.

V. — Batterie ou colonne légère de 155 C mod. 1904 TR.

A — Train de combat

1° Transport des sacs, du campement et de l'avoine de route.

183. Cases d'armons. — Comme aux nos 144 et 145, en tenant compte des différences de construction des cases d'armons (1).

184. Galeries porte-sacs. — Comme au n° 146, mais en tenant compte des particularités suivantes :

Toutes les voitures non attelées en guides sont munies d'une galerie porte-sacs pour batterie montée, accompagnée d'une *bâche de galerie porte-sacs* (2).

---

(1) Toutes les voitures de ces unités, sauf celles qui sont conduites en guides, sont munies de cases d'armons pourvues d'un couvercle rigide.

Pour ouvrir une case d'armons, chasser en arrière le crochet latéral du couvercle pour le dégager du tenon fixé sur le côté de la case; soulever le couvercle, d'une main, par sa poignée antérieure, et de l'autre main, engager autour de l'extrémité de la plus étroite des trois planches du couvercle la ganse en cuir fixée à la poignée du coffre.

Pour fermer une case d'armons, dégager la ganse en cuir et laisser retomber le couvercle en accompagnant son mouvement. S'assurer que le crochet latéral est bien accroché à son tenon.

Si le couvercle ne s'accroche pas de lui-même, rectifier le chargement de la case qui, en général, est insuffisamment tassé.

Si le chargement est correctement fait et ne déborde pas hors de la case, s'assurer que le tenon de rechange est bien enfoncé à fond sur ses ferrures : l'appui des armatures du couvercle sur le tenon de rechange pourrait entraîner leur rupture.

(2) Chaque bâche de galerie est munie de six grandes lanières dont quatre sont fixées aux œillets d'un même grand côté, et dont les deux autres sont fixées aux œillets placés au milieu des petits côtés.

Pour mettre la bâche en place, la présenter à la galerie, le bord qui porte les quatre lanières en haut, de manière qu'elle pende verticalement derrière l'avant-train, l'envers de la bâche en arrière. Nouer les quatre lanières, aussi près que possible de la bâche, aux quatre ferrures qui réunissent la tringle de galerie à la planchette de fond.

Pour fixer la bâche, lorsque la galerie est complètement chargée, rejeter la bâche par-dessus les havresacs et en passant les lanières sous la planchette de fond, venir les fixer chacune dans l'œillet correspondant du second grand côté en tendant fortement la bâche. Fermer celle-ci sur le côté en passant la lanière latérale dans les trois œillets de son côté. Rentrer les extrémités libres des lanières, ou les fixer aux ferrures de la galerie.

Pour enlever les havresacs ou le campement, dénouer les lanières latérales en ne les laissant fixées qu'à l'œillet central de leur côté. Dégager les quatre autres lanières des œillets qui se trouvent en avant de la galerie et rejeter la bâche en arrière.

Lorsque les havresacs sont enlevés, rebrêler le volet et rejeter la bâche par-dessus la galerie, mais sans la fixer.

Pour séparer la galerie de l'avant-train, il est inutile de retirer la bâche, lorsqu'elle est simplement mise en place sur la galerie.

Les batteries et colonnes légères de 155 C Mod. 1904 TR reçoivent au titre du campement des *hachettes* qui sont fixées sur les havresacs des hommes désignés (n° 96).

Tous les ustensiles de campement sont fixés après les galeries, sauf certains seaux en toile confiés à des conducteurs.

185. Arrière-train du chariot de batterie. — Sont chargés dans l'arrière-train du chariot de batterie : les *sacs d'homme monté* des conducteurs des attelages haut le pied, l'*avoine de route* de ces attelages et les *havresacs* des vélocipédistes et des ordonnances montés (1).

2° Transport des clous et ferrures de rechange et des crampons à glace.

186. En principe, les ferrures de tous les chevaux du train de combat de l'unité sont réparties de la manière suivante :

1° *24 fers et 240 clous* (ces derniers enveloppés dans des chiffons ficelés) :

Dans le compartiment postérieur de la case de gauche de chaque avant-train d'affût;

Dans le compartiment antérieur du porte-douilles de chaque avant-train de caisson;

2° Le *complément des fers* des chevaux du train de combat est réparti entre les deux caisses à fers des arrière-trains du chariot de batterie et du chariot-forge (2).

Les clous de ces dernières ferrures sont placés soit dans les caisses à fers, soit dans les boîtes à clous et crampons disponibles (3).

Dans les avant-trains d'affût, les paquets de 4 fers préparés comme il est dit n° 89 sont placés côte à côte, perpendiculairement à l'essieu, et calés avec des chiffons ou des étoupes.

Les clous sont chargés au-dessus des fers.

Dans les avant-trains de caisson, les fers sont placés verticalement sur trois couches, chaque couche comprend deux paquets de quatre fers (4) préparés comme il est dit n° 89.

---

(1) Avec, s'il y a lieu, leurs *sacs à avoine* (n° 101).
(2) Environ 180 fers sur chaque voiture dans la batterie et 130 dans la colonne légère.
(3) Celles des deux derniers caissons des pièces qui comptent quatre caissons.
(4) Il importe, pour la facilité du chargement, que les deux couches du fond ne soient pas constituées par deux ferrures des pointures les plus grandes.

Les clous sont chargés au-dessus des fers ou dans les espaces libres.

Des chiffons ou des étoupes calent le chargement.

Dans les caisses à fers du chariot de batterie et du chariot-forge, les fers sont chargés à plat comme il est dit nᵒ 148.

187. Les *crampons à glace* sont en principe répartis entre les boîtes à clous et crampons des arrière-trains des deux premiers caissons de chaque pièce (1).

3ᵒ Transport des vivres de réserve.

188. Les vivres de réserve autres que le pain de guerre (2) et l'eau-de-vie sont répartis en un certain nombre de lots sensiblement égaux, comprenant au maximum :

14 boîtes individuelles de *viande de conserve ;*
14 tablettes de *potage salé ;*
14 tablettes de *café ;*
1.120 grammes de *sucre* dans un sachet collectif dont la ligature devra être fortement serrée.

Ces lots sont chargés de la manière suivante :

1ᵒ Dans chaque arrière-train de caisson, un lot :

a) *Dans la boîte aux petits vivres du coffret de flèche :* les tablettes de potage salé et de café empilées contre un des petits côtés; cinq boîtes de conserve de l'autre côté; le tout calé avec le sachet de sucre et des chiffons propres.

b) *Dans la case aux chiffons du coffre de flèche,* en ménageant près de son entrée la place nécessaire pour le rouleau en bois (3) : les neuf boîtes de viande de conserve restantes, calées avec des chiffons (4).

2ᵒ Dans le compartiment postérieur de la case de gauche de chaque avant-train de porte-canon, un lot; les tablettes de café sont enfermées dans un sachet collectif, ainsi que les tablettes de potage salé. Le chargement est calé à l'aide de chiffons.

----

(1) Contenance moyenne des boîtes à clous et crampons : environ 1.200 clous ou 800 crampons chargés en vrac entre les deux feutres.
(2) Le pain de guerre est, en principe, chargé dans le paquetage des officiers ou de la troupe; toutefois, une partie du pain de guerre des officiers est chargée dans la caisse qui, dans le chariot de batterie, contient des vivres de réserve.
(3) Et pour la burette à huile dans les caissons chargés en obus à mitraille.
(4) Les chiffons qui ne peuvent plus trouver place dans cette case après mise en place des boîtes de conserve, servent à caler les chargements de vivres de réserve. Les chiffons usagés sont transportés dans la case spéciale de l'avant-train d'affût, dans la boîte aux chiffons de l'avant-train de porte-canon et dans les sacs à terre du chariot de batterie.

3° **Dans la case de droite de chaque avant-train d'affût** (1), deux ou trois lots; les tablettes de café et celles de potage salé sont enfermées dans des sachets collectifs et le chargement est calé à l'aide de chiffons.

4° **Dans une caisse déposée dans le chariot de batterie** (2), le complément des vivres de réserve du train de combat de l'unité et, s'il y a lieu, de l'état-major qui lui est rattaché. Ces vivres sont calés à l'aide de chiffons et des sachets à vivres collectifs non utilisés.

189. *Eau-de-vie :* comme au n° 151.

4° Transport de l'avoine de réserve.

190. Au train de combat, *l'avoine de réserve* est transportée dans les sacs de batterie (contenance maximum : 65 kilos d'avoine) chargés sur les fourragères des arrière-trains de caisson, où ils sont maintenus par une courroie de brélage.

Le complément, s'il y a lieu, est transporté partie dans le chariot de batterie, partie dans le chariot-forge, dans un certain nombre des sacs de batterie de 65 kilos qui font partie de la dotation de ces voitures.

B — ÉTATS-MAJORS RATTACHÉS A UNE BATTERIE
OU A UNE COLONNE LÉGÈRE DE 155 C MOD. 1904 TR

1° Transports des paquetages des hommes.

191. A une batterie de 155 C Mod. 1904 TR peut être rattaché un *état-major d'artillerie lourde.*

A une colonne légère de 155 C Mod. 1904 TR peut être rattaché un *état-major de groupe de colonnes légères.*

Le personnel à pied de ces états-majors, lorsqu'il doit trouver place au train de combat, est transporté par les voitures appartenant en propre à l'état-major, ou sur les voitures des unités, soit aux places disponibles, soit au besoin par substitution à un égal nombre d'hommes des unités (3).

Chacun de ces états-majors dispose de deux voitures marchant au train de combat :

Voiture à viande, transportant, outre son conducteur, le boucher;

---

(1) Lorsque cette case n'est pas utilisée pour le transport du matériel microtéléphonique de la batterie.
(2) Voir le renvoi du n° 156.
(3) Ces derniers marchent alors avec le train régimentaire de leur unité. Exceptionnellement, ils peuvent être autorisés à faire usage d'une bicyclette.

Voiture médicale, avec laquelle marche, outre son conducteur, le médecin auxiliaire (1).

Le personnel rattaché à ces voitures se conforme pour le transport de ses paquetages à ce qui est dit n° 154.

Les hommes qui sont transportés sur les voitures des unités se conforment, pour le transport de leurs paquetages, à ce qui est prescrit pour les hommes de ces unités.

Les ordonnances montés, les vélocipédistes et le vaguemestre de l'artillerie lourde se conforment aux prescriptions prévues au n° 155.

2° Transport des vivres et de l'avoine de réserve, des ferrures de rechange et des crampons à glace.

192. Les *vivres de réserve* des officiers et des hommes, et l'*avoine de réserve* des chevaux du train de combat de l'état-major sont ajoutés à la dotation normale de l'unité qui administre cet état-major.

Les voitures conduites en guides transportent les fers de rechange, clous et crampons à glace destinés à leurs chevaux. Le restant des *fers*, des *clous* et des *crampons à glace* destinés aux chevaux de l'état-major est ajouté à la dotation normale de l'unité qui administre cet état-major et transporté dans les caisses à fers.

3° Transport du matériel du service de santé ou du service vétérinaire.

193. Comme aux n°s 158 et 169.

C — TRAIN RÉGIMENTAIRE

194. Mêmes principes qu'aux n°s 160 et suivants, en tenant compte des particularités ci-après :

Dans le groupe des batteries, comme dans le groupe des colonnes légères, les sections de distribution et de ravitaillement comprennent chacune sept fourgons à vivres: cinq ne transportent en principe que de l'avoine, un autre transporte le pain et l'avoine de réserve des chevaux de la section, le dernier reçoit les autres denrées avec le complément de l'avoine du train régimentaire.

La section de réserve comprend deux fourgons à vivres, deux fourgons à bagages et quatre chariots-fourragères :

_____

(1) Le médecin auxiliaire peut être autorisé à faire usage, à ses frais, d'une bicyclette.

un des fourgons à bagages sert à l'état-major et à l'unité qui l'administre; l'autre sert aux trois autres unités (1).

VI. — Section de munitions de 75 (2)

A — TRAIN DE COMBAT

1° Transport des sacs, du campement et de l'avoine de route.

195. Cases d'armons (3). — Comme aux n°s 144 et 145.

196. Galeries porte-sacs (3). — Comme au n° 146.

197. Caissons de parc. — Les conducteurs des caissons de parc et les hommes pourvus d'un cheval de selle rattachés à ces voitures enferment leur *sac d'homme monté* et le sac à avoine renfermant l'*avoine de route* dans un des sacs de batterie de 63 kilos qui font partie du matériel affecté à la voiture. Ils y placent également, le cas échéant, le ballot des *tentes-abris* qu'ils ont en consigne. Le sac de batterie ainsi chargé est brélé dans la galerie antérieure de l'avant-train en procédant comme il est dit n° 175, les deux bouts libres de la corde de brélage étant fixés aux petits côtés de la galerie (Voir n° 203).

Les *ustensiles de campement* qui ne peuvent être chargés sur les galeries porte-sacs (sauf quelques seaux en toile en excédent transportés sur les sacoches de quelques chevaux) sont en principe placés sur les planches antérieures de la galerie d'avant-train d'un certain nombre de caissons de parc, à l'extérieur de cette galerie et de la même manière que sur le volet de la galerie porte-sac (n° 146).

---

(1) S'il est nécessaire, une partie des bagages de ces dernières unités seront transportés dans les charriots-fouragères ou dans un des fourgons à vivres de la section de réserve, s'il y reste de la place disponible.

(2) Conformément aux indications du titre I du Règlement de manœuvre de l'artillerie de campagne, le personnel du train de combat est groupé en cinq pelotons de pièce; le matériel d'artillerie est réparti aussi également que possible entre ces cinq pièces en tenant compte de ce que les voitures qui marchent au train de combat peuvent être classées en deux catégories :

1° Les *caissons de 75 Mod. 1897*, la *forge* et le *charriot de batterie* ; trois hommes à pied peuvent prendre place sur l'avant-train de chacune de ces voitures.

2° Les *caissons de parc*; aucun homme à pied ne peut prendre place sur ces voitures.

Le nombre des hommes à pied, dans chaque pièce, doit être, en principe, égal au nombre des places disponibles sur les coffres des voitures de cette pièce.

(3) Les caissons de 75 Mod. 1897 et la forge sont munis de cases d'armons et de galeries porte-sacs pour batterie montée.

198. Chariot de batterie. — Comme au n° 147, en tenant compte de ce que cette voiture ne transporte jamais d'ustensiles de campagne.

2° Transport des clous et ferrures de rechange et des crampons à glace.

199. En principe, les ferrures de tous les chevaux du train de combat de l'unité sont réparties de la manière suivante :

1° *24 fers et 240 clous* (ces derniers enveloppés dans des chiffons ficelés) :

Dans la case de droite de chaque avant-train de caisson Mod. 1897 ;

Dans la case de droite de chaque avant-train de caisson de parc ;

Dans le compartiment de devant, côté droit, de l'avant-train du chariot de batterie.

2° Le *complément des fers* des chevaux du train de combat au fond du coffre d'avant-train de la forge.

Les clous de ces dernières ferrures sont placés soit dans le coffre d'avant-train de la forge, soit dans les boîtes à clous et crampons disponibles.

Ces divers chargements sont réalisés comme il est dit n° 148.

200. Les *crampons à glace :* comme au n° 149.

3° Transport des vivres de réserve.

201. Les vivres de réserve autres que le pain de guerre (1) et l'eau-de-vie sont répartis en un certain nombre de lots sensiblement égaux, comprenant en moyenne :

26 boîtes individuelles de *viande de conserve ;*

26 tablettes de *potage salé* dans un ou deux sachets collectifs ;

26 tablettes de *café* dans un sachet collectif ;

2.080 grammes de *sucre* dans un sachet collectif dont la ligature devra être fortement serrée.

Ces vivres sont chargés dans les arrière-trains de caisson de parc à raison d'un lot par caisson, la viande de conserve dans le compartiment disponible de droite, les sachets collectifs dans celui de gauche. Le chargement est toujours soigneusement calé avec des chiffons ou des étoupes.

202. *Eau-de-vie :* Comme au n° 151.

_____

(1) Une partie du pain de guerre des officiers seulement est transportée par les voitures, dans la case de gauche de l'avant-train du premier caisson Mod. 1897.

4° Transport de l'avoine de réserve.

203. Au train de combat, *l'avoine de réserve* est transportée partie dans les coffres à avoine des caissons Mod.1897 (45 à 50 kilos par caisson), partie dans le second sac de batterie affecté à chaque caisson de parc. Ces derniers sacs reçoivent tous sensiblement la même quantité d'avoine (65 kilos au maximum) et sont chargés, sous les sacs renfermant les paquetages, dans la galerie antérieure des avant-trains.

S'il est nécessaire l'excédent d'avoine est chargé dans un certain nombre de sacs de batterie du chariot de batterie et transporté par cette voiture (1).

B — ÉTATS-MAJORS RATTACHÉS A UNE SECTION
DE MUNITIONS DE 75

1° Transport des paquetages des hommes, etc.

204. A une section de munitions de 75 peuvent être rattachés :

a) un *état-major de parc d'artillerie de corps d'armée ;*

b) un *état-major de parc d'artillerie de division isolée* ou *de division de réserve ;*

ou *c)* un *état-major de premier ou de deuxième échelon de parc d'artillerie de corps d'armée.*

Le personnel à pied de l'état-major ne peut prendre place au train de combat de la section que dans les conditions prévues au n° 153.

205. État-major du parc d'artillerie d'un corps d'armée. — Les *ordonnances montés*, les *vélocipédistes* et le *planton à cheval* placent leurs paquetages sur le chariot de batterie (n° 147). En principe, le planton à cheval charge *l'avoine de route* de son cheval sur sa selle ; celle des chevaux haut-le-pied d'officiers est chargée dans le chariot de batterie.

Les *officiers d'administration*, lorsqu'ils ne se déplacent pas à bicyclette, montent en principe sur l'avant-train du chariot de batterie. Ils déposent dans l'arrière-train du chariot de batterie le petit sac dont les officiers non montés sont autorisés à faire usage pour enfermer leurs effets personnels, et placent dans l'avant-train, dans le comparti-

---

(1) Le chargement intérieur de l'arrière-train du chariot de batterie doit être aussi réduit que possible pour pouvoir y charger les armes, les munitions et le matériel abandonné sur le champ de bataille.

ment de devant, côté gauche, les pièces d'archives ou de comptabilité dont ils peuvent avoir un besoin urgent.

Les *ustensiles de campement*, les *vivres de réserve* du personnel (troupe et officiers), l'*avoine de réserve*, les *clous et ferrures de rechange* et les *crampons à glace* des chevaux, pour tout le train de combat de l'état-major, sont simplement ajoutés à la dotation normale de la section qui administre cet état-major.

206. État-major du premier ou du deuxième échelon du parc d'artillerie d'un corps d'armée. État-major du parc d'artillerie d'une division isolée ou d'une division de réserve. — Ces états-majors disposent de deux voitures marchant avec les trains de combat des sections :

Voiture à viande, transportant, outre son conducteur, le boucher;

Voiture médicale, avec laquelle marche, outre son conducteur, le médecin auxiliaire (1).

Les hommes rattachés à ces voitures se conforment, pour le transport de leurs paquetages, à ce qui est prescrit nº 154.

Les *vélocipédistes*, l'*ordonnance monté* et les *maréchaux des logis* placent leurs paquetages sur le chariot de batterie (nº 147); ces derniers chargent en principe l'*avoine de route* de leur cheval sur leur selle; celle du second cheval du chef d'escadron est chargée dans le chariot de batterie.

L'*officier d'administration* du parc d'artillerie de division et, le cas échéant, le *vétérinaire auxiliaire*, lorsqu'ils ne se déplacent pas à bicyclette, montent en principe sur l'avant-train du chariot de batterie et se conforment à ce qui est prescrit nº 205.

Les *ustensiles de campement*, les *vivres de réserve* du personnel (troupe et officiers, les *clous et ferrures de rechange* et les *crampons à glace* de chevaux non rattachés aux voitures conduites en guides, et l'*avoine de réserve* de tous les chevaux, pour tout le train de combat de l'état-major, sont simplement ajoutés à la dotation normale de la section qui administre cet état-major.

2º Transport du matériel du service de santé ou du service vétérinaire.

207. Comme aux nᵒˢ 158 et 159.

Lorsque l'état-major dispose de deux sacs d'ambulance vétérinaire, ceux-ci sont transportés dans deux sections de munitions de 75 différentes.

(1) Le médecin auxiliaire peut être autorisé à faire, à ses frais, usage d'une bicyclette.

C — TRAIN RÉGIMENTAIRE

208. Mêmes principes que pour le groupe de batteries montées de 75 (nᵒˢ 160 et suivants) en tenant compte des particularités ci-après :

La section de réserve comprend tous les fourgons à bagages et à vivres des états-majors, plus quelques fourgons à vivres appartenant aux sections de munitions, de manière à disposer d'un fourgon à vivres pour deux unités en principe. Les autres fourgons à vivres sont répartis également entre les sections de distribution et de ravitaillement ;

Les fourgons à bagages, n'étant pas en nombre suffisant pour assurer le transport des bagages des états-majors et des unités, reçoivent tout d'abord tous les bagages des états-majors puis ceux des unités dans les limites fixées par le commandement. Le complément des bagages des unités est transporté dans les fourgons à vivres de la section de réserve, s'il y reste de la place disponible, ou dans les chariots-fourragères.

VII. — Section de munitions d'infanterie.

A — TRAIN DE COMBAT

1ᵒ Transport des sacs, du campement et de l'avoine de route.

209. Sacs d'homme monté et avoine de route (1). — Les conducteurs des attelages de chaque caisson impair et du caisson pair qui le suit, et les hommes pourvus d'un cheval de selle rattachés à ces deux voitures, enferment dans le sac de batterie porté par l'arrière-train du caisson impair leurs sacs d'homme monté ainsi qu'un sac à avoine renfermant l'avoine de route de tous les chevaux rattachés aux deux voitures.

Le sac est brélé sur la partie postérieure du marchepied de l'arrière-train, contre le coffre. A cet effet, former avec la corde de brélage, et de manière à laisser libres aux extrémités deux bouts égaux, trois liens entourant à la fois le sac et le marchepied, arrêtés chacun par un nœud simple fait au-dessous du marchepied et placés perpendiculairement à la longueur du sac, au quart, à la moitié et aux trois quarts de celui-ci. Ramener ensuite les deux brins

---

(1) Chaque arrière-train de caisson est pourvu d'un sac de batterie d'une contenance de 65 kilos d'avoine.

libres entre les lames du marchepied, pour maintenir les deux bouts du sac, et les fixer sur le dessus aux liens transversaux.

Les sacs d'homme monté des conducteurs et hommes du cadre montés de la *forge* et du *chariot à pétards*, et l'avoine de route des chevaux rattachés à ces deux voitures, préalablement enfermée dans un sac à avoine, sont placés dans le sac de batterie du chariot à pétards qui est ensuite brêlé, comme il vient d'être dit, sur le marchepied de l'avant-train de cette voiture, contre le coffre.

Les conducteurs des *attelages haut-le-pied* placent leurs sacs d'homme monté et l'avoine de route de leurs chevaux préalablement enfermée dans un sac à avoine, dans les deux compartiments de devant de l'arrière-train du chariot à pétards.

210. Havresacs. — Les havresacs de tout le personnel du train de combat de la section de munitions d'infanterie sont chargés, conformément à la répartition arrêtée (nº 143), sur les coffres d'avant-train du chariot à pétards et des caissons nos 3, 9, 15, 21 et 27 (1).

On brêle ces sacs, au-dessus et sur les côtés, à l'aide de deux cordes à fourrage allant d'une poignée à l'autre.

211. Campement. — Les *moulins à café*, les *sacs à distribution*, les *hachettes* et, le cas échéant, les *couvertures de campement* sont placés sur les havresacs des hommes qui les ont en consigne.

Sur la partie antérieure du marchepied de l'arrière-train de chaque caisson impair on place 2 *marmites*, 2 *gamelles* et 2 *seaux en toile ;* on procède comme il est prescrit nº 146 pour fixer ces ustensiles sur le volet d'une galerie portesacs, en les appliquant à plat sur le marchepied, et en faisant avec la courroie d'ustensile un tour sur la planche de devant.

Le cas échéant, les ballots de *tentes-abris* (nº 97) sont groupés dans un certain nombre de sacs à avoine que l'on brêle, à l'aide d'une corde à fourrage, sur la partie antérieure du marchepied de l'arrière-train de certains caissons pairs, en procédant comme il est dit nº 209.

2º Transport des clous et ferrures de rechange et des crampons à glace.

212. Chaque caisson est muni de trois crochets porteseau.

---

(1) Chaque coffre peut, en général, recevoir 7 havresacs sans marmite ni gamelle de campement.

L'un des crochets est réservé au transport du seau d'abreuvoir (1).

Les deux autres transportent :

Soit : *2 boîtes n° 1 en tôle pour fers ;*

Soit : *1 boîte n° 1 en tôle pour fers et 1 boîte n° 2 en tôle pour crampons à glace ;*

Soit : *1 boîte n° 1 en tôle pour fers et 1 boîte à graisse Mod. 1858.*

Chaque boîte n° 1 en tôle pour fers reçoit deux *ferrures* complètes (8 fers et 80 clous) disposées comme il est dit n° 170.

Le compléments des *fers* des chevaux du train de combat de la section est placé à plat au fond du coffre d'avant-train de la forge (n° 148).

Les boîtes n° 2 en tôle pour crampons à glace portées par certains caissons et par le chariot à pétards reçoivent les unes les *crampons à glace,* les autres les clous des ferrures transportées par la forge (2).

3° Transport des vivres de réserve.

213. Les boîtes individuelles de *viande de conserve* pour tout le personnel du train de combat de l'unité, officiers compris, et le *pain de guerre* des officiers, qui n'est pas transporté dans le paquetage des chevaux, sont chargés dans le coffre d'avant-train du caisson n° 23.

Les tablettes de *potage salé* et de *café* et le *sucre* pour tout le personnel du train de combat, officiers compris, sont chargés dans deux caisses à vivres de réserve fixées sur les arrière-trains des caissons n°s 8 et 22, derrière le coffre à munitions. Chacune de ces caisses contient la moitié des vivres de l'unité, les tablettes rangées au fond, soigneusement calées, et séparées des sachets de sucre par des sachets à vivres collectifs convenablement pliés (3).

Tous ces chargements doivent être soigneusement calés avec des chiffons ou des étoupes.

En cas d'avarie aux caissons qui portent les vivres de réserve, les coffres ou caisses qui renferment ceux-ci (4) doivent être placés en surcharge sur d'autres voitures; en

---

(1) Ce crochet reste disponible aux caissons qui transportent des havresacs.

(2) Le chargement de ces boîtes, toujours fait en vrac, comporte en moyenne 800 crampons à glace ou 1.200 clous de pointure moyenne.

(3) Les sachets collectifs attribués à la section sont tous emportés en campagne, bien que non totalement utilisés dans le chargement normal, afin de permettre le transport éventuel des vivres de réserve dans les sacs à avoine.

(4) Les coffres et les caisses utilisés pour le transport des vivres de réserve sont peints en vert olive, tandis que les coffres à munitions sont peints en gris bleuté. De plus, ces coffres et ces caisses portent l'inscription : *Vivres de réserve,* en lettres blanches.

cas d'impossibilité, leur contenu est réparti dans un certain nombre de sacs à avoine, les tablettes enfermées dans des sachets collectifs, et ces sacs sont brélés à l'aide de cordes à fourrage sur les caissons les moins lourdement chargés.

L'*eau-de-vie*, pour toute l'unité, train régimentaire compris, est transportée dans un récipient convenable chargé dans le compartiment de devant de l'arrière-train du chariot à pétards.

4° Transport de l'avoine de réserve.

214. L'avoine de réserve, pour tous les chevaux du train de combat, est répartie entre les sacs de batterie (contenance : 65 kilos) des arrière-trains des caissons pairs.

Ces sacs sont brélés, comme il est dit n° 209, sur la partie postérieure du marche-pied de l'arrière-train.

5° Transport du matériel du service de santé.

215. Comme au n° 158, s'il y a lieu.

(En principe, les sections de munitions d'infanterie ne transportent jamais de matériel du service vétérinaire).

B — TRAIN RÉGIMENTAIRE

216. Les prescriptions du n° 208 s'appliquent aux sections de munitions d'infanterie qui font toujours groupe avec des sections de munitions de 75.

VIII. — Sections de parc diverses.

(*Section de parc mixte de campagne ; section de parc de campagne ; section de grand parc ; section de munitions de 155 C Mod. 1904 TR.*)

A — TRAIN DE COMBAT

1° Transport des sacs, du campement, de l'avoine de route, des clous et ferrures de rechange et des crampons à glace.

217. Ces différentes sections de parc sont caractérisées par ce fait que leur matériel est presque entièrement constitué par des *chariots de parc* attelés à trois chevaux de front et conduits en guides.

Le nombre des places disponibles sur les sièges de ces chariots, ou sur les coffres des voitures conduites à la Daumont est, en général, inférieur au nombre des hommes non montés marchant avec le train de combat de l'unité.

Ces unités ne peuvent donc se déplacer qu'au pas, les hommes non pourvus d'un cheval ou d'un attelage marchant à pied et n'étant répartis entre les voitures que pour le transport de leurs paquetages.

218. Dans ces diverses sections, les conducteurs des *voitures en guides* et les hommes montés et non montés rattachés à ces voitures se conforment entièrement à ce qui est dit au n° 154 pour le transport des paquetages, de l'avoine de route et des ferrures.

Le conducteur de la voiture, en principe, dépose ses effets et ceux de ses chevaux dans le coffret ménagé sous la voiture. Il est muni, en conséquence, d'une des clefs de cadenas affectées à la voiture.

Les conducteurs des *forges* (1) et les conducteurs des *attelages haut-le-pied* chargent leurs sacs d'homme monté et les deux sacs à avoine renfermant l'avoine de route de leurs chevaux, sur des chariots désignés (chariot n° 2 dans la section de parc mixte de campagne, chariot d'agrès dans la section de munitions de 155 C TR).

Les *moulins à café*, les *sacs à distribution*, les *hachettes* et, s'il y a lieu, les *couvertures de campement*, sont fixés sur les havresacs des hommes qui les ont en consigne.

Les ustensiles de campement qui ne trouvent pas place sur les voitures attelées à la Daumont sont fixés sur les côtés et à l'extérieur des chariots de parc, d'une manière analogue à ce qui est prescrit n° 146-*b*, la courroie d'ustensile passant entre les planches des côtés de la voiture et faisant un tour sur la ridelle. Toutefois, les gamelles ne sont pas chargées par paire et chacune d'elles contient un ou deux seaux en toile.

Dans la section de parc mixte de campagne et dans la section de parc de campagne, les *canons* et la *forge* sont pourvus de cases d'armons et de galeries porte-sacs pour batterie montée, qui sont chargées comme il est dit n°s 144 et suivants.

Chaque avant-train de canon transporte 24 fers et 240 clous, comme il est dit n° 148. Les fers qui ne sont pas portés par les canons ou les voitures conduites en guides, sont chargés au fond du coffre d'avant-train de la forge (n° 148) avec les clous correspondants. Les crampons à glace de tous les chevaux non rattachés aux voitures en guides sont chargés dans les boîtes à clous et crampons des avant-trains de canon.

(1) Des sections de grand parc et de 155 C TR seulement.

Dans les autres sections, les fers qui ne sont pas portés par les voitures conduites en guides sont chargés, avec les clous et crampons correspondants, au fond du coffre d'avant-train de la ou des forges (n° 148).

219. A chaque section de parc mixte de campagne est rattaché un *état-major de 3e échelon de parc d'artillerie de corps d'armée et une section d'ouvriers d'artillerie de parc de corps d'armée*, qui font partie intégrante de la section.

A une section de parc de campagne peut être rattachée *une équipe de réparations de division*.

A une section de munitions de 155 C TR peut être rattaché l'*état-major d'un groupe de sections de munitions de 155 C TR.* A une de ces sections peut être rattachée une *équipe de réparations d'artillerie lourde*.

Le personnel de ces états-majors, qui marche avec la voiture à viande ou la voiture médicale de l'état-major, se conforme à ce qui est dit au n° 154. Tous les autres hommes se conforment à ce qui est prescrit pour le personnel de l'unité.

2° Transport des vivres de réserve.

220. Les vivres de réserve autres que le pain de guerre et l'eau-de-vie sont répartis en deux ou trois lots égaux chargés dans deux ou trois des coffrets des chariots de parcs conduits en guides (1). Les chargements doivent être soigneusement calés; le sucre, le café et le potage salé sont enfermés dans les sachets collectifs.

Le pain de guerre des officiers qui ne trouve pas place dans le paquetage de leurs chevaux est ajouté à l'un de ces lots.

L'eau-de-vie pour toute la section, train régimentaire et, s'il y a lieu, état-major compris, est transportée dans un récipient convenable chargé dans l'un des chariots qui portent des vivres de réserve.

3° Transport de l'avoine de réserve.

221. Au train de combat, l'avoine de réserve est répartie entre les sacs de batterie mis à la disposition de la

---

(1) Les portes de ces coffrets portent l'inscription « Vivres de réserve » faite à la peinture blanche.

Les conducteurs de ces voitures placent leur paquetage dans la voiture elle-même.

section. Ces sacs sont chargés sur les chariots de parc les moins lourdement chargés (1).

4° Transport du matériel du service de santé ou du service vétérinaire.

222. Pour le matériel du *service de santé*, comme au n° 158; le cas échéant, le sac d'ambulance est brélé sur le dernier chariot de parc de l'unité à laquelle appartient l'infirmier.

223. Les vétérinaires qui marchent avec les sections de parc ne disposent pas, en principe, de sacs d'ambulance vétérinaire. Chacun d'eux est muni d'une *cantine vétérinaire* qui est toujours transportée sur l'un des chariots à munitions, au train de combat de la section de parc à laquelle est rattaché le vétérinaire.

B — TRAINS RÉGIMENTAIRES

224. Mêmes principes que pour le groupe de batteries montées de 75 (n°s 160 et suivants), en tenant compte des particularités ci-après :

La section de réserve comprend tous les fourgons à bagages et à vivres des états-majors, et, en outre, des fourgons à vivres appartenant aux unités, de manière à disposer d'un fourgon à vivres pour deux ou au maximum trois unités. Les autres fourgons à vivres sont également répartis dans les deux sections de distribution et de ravitaillement.

Les fourgons à bagages, n'étant pas en nombre suffisant pour assurer le transport de tous les bagages des états-majors et des unités, ne reçoivent, en principe, que les bagages des officiers et des adjudants et, s'il y a lieu, seulement dans les limites fixées par le commandement. Le restant des bagages est chargé, soit dans les fourgons à vivres de la section de réserve, s'il y reste de la place disponible, soit sur les chariots de parc des trains de combat des sections. Ces derniers transportent toujours la cantine vétérinaire.

---

(1) 15 sacs de batterie pouvant contenir 65 kilos d'avoine et transportés, en principe, dans les chariots de parc n°s 1, 3 et 4 (rechanges, outillage et roues) à la *section de parc mixte de campagne*.

15 sacs de batterie pouvant contenir 65 kilos d'avoine et transportés, en principe, dans les chariots portant des obus explosifs à la *section de parc de campagne*.

15 sacs de batterie pouvant contenir 90 kilos d'avoine à la *section de grand parc d'armée*.

12 sacs de batterie pouvant contenir 90 kilos d'avoine à la *section grand parc d'un groupe de divisions de réserve*.

20 sacs de batterie pouvant contenir 90 kilos d'avoine à la *section de munitions de 155 C TR*.

IX. — Équipages spéciaux d'artillerie lourde mobile.

A — Train de combat d'une batterie de 120 L.

1° Transport des sacs, du campement et de l'avoine de route.

225. Sacs d'homme monté et avoine de route. — Les conducteurs des *chariots de parc* (1) et les hommes pourvus d'un cheval de selle, qui sont rattachés à ces voitures, se conforment entièrement à ce qui est dit n° 154 pour le transport des paquetages, de l'avoine de route et des ferrures. En principe, le conducteur dépose ses effets et ceux de ses chevaux dans le coffret de la voiture; il reçoit la clef de cadenas affectée à cette voiture.

Les conducteurs de l'*échelle observatoire*, et les hommes pourvus d'un cheval de selle qui marchent avec elle, déposent leurs paquetages et le sac renfermant l'avoine de route de leurs chevaux dans les cases d'armons de l'avant-train de cette voiture.

Les conducteurs de la *forge*, des *caissons* et des *canons* et les hommes pourvus d'un cheval de selle qui sont rattachés à ces voitures placent leurs paquetages et un sac à avoine renfermant l'avoine de route des chevaux dans les sacs de batterie d'une contenance de 90 kilos d'avoine qui sont affectés aux caissons ou à la forge. A cet effet, chaque canon est rattaché à un caisson. Les conducteurs des *attelages haut-le-pied* et les gradés qui marchent avec eux déposent leurs sacs d'homme monté dans les sacs de batterie des caissons auxquels ne sont pas rattachés les canons; l'avoine de route de tous leurs chevaux, enfermée dans un sac à avoine, est placée dans le sac de batterie de la forge.

Une fois garnis les sacs de batterie sont brélés sur le marche-pied de l'avant-train contre le coffre, en procédant comme il est dit n° 209.

226. Havresacs. — Les havresacs, dépourvus de marmites ou de gamelles de campement, sont chargés d'abord dans les galeries des arrière-trains de caisson, puis dans les chariots pour bois de plates-formes.

---

(1) Cette rédaction s'applique aux chariots de parc attelés à trois chevaux de front. Dans le cas où ces chariots seraient attelés à la Daumont, les conducteurs placeraient leurs paquetages et l'avoine de route de leurs chevaux dans le coffret de la voiture, leurs manteaux roulés étant disposés sur les chevaux.

227. Campement. — Les *moulins à café*, les *sacs à distribution*, les *hachettes* et, le cas échéant, les *couvertures de campement* sont fixés sur les havresacs des hommes qui les ont en consigne.

Les *marmites*, les *gamelles* et les *seaux en toile* sont fixés sur les côtés et à l'extérieur des chariots de parc, comme il est dit n° 218.

Le cas échéant, les ballots de *tentes-abris* (n° 97) sont groupés dans les chariots à munitions.

2° Transport des clous et ferrures de rechange et des crampons à glace.

228. Les chariots de parc transportent les fers, clous et crampons des chevaux qui marchent avec eux.

Chaque avant-train de canon ou de caisson porte deux *boîtes n° 1 en tôle pour fers* contenant chacune deux ferrures complètes (8 fers et 80 clous) disposées comme il est dit n° 170.

Le complément des fers des chevaux du train de combat de la batterie est placé à plat au fond du coffre d'avant-train de la forge (n° 148). Les clous correspondants sont placés dans les *boîtes n° 2 en tôle pour clous et crampons à glace* portées par deux des caissons et par deux des chariots à munitions.

Les *crampons à glace* destinés aux chevaux qui ne sont pas rattachés aux chariots de parc sont répartis entre les boîtes n° 2 en tôle pour crampons à glace portées par le dernier chariot pour bois de plates-formes de chaque pièce.

3° Transport des vivres de réserve.

229. Les hommes provenant de l'artillerie à pied d'après les tableaux d'effectifs de guerre enferment leurs vivres de réserve dans leur havresac comme il est dit n° 91.

Les vivres de réserve du restant du personnel, sauf le pain de guerre et l'eau-de-vie, sont chargés dans les coffrets des chariots à munitions comme il est dit n° 220.

Le pain de guerre des officiers qui ne trouve pas place dans le paquetage de leurs chevaux est ajouté à l'un de ces lots de vivres.

L'eau-de-vie pour toute la batterie, train régimentaire et, s'il y a lieu, état-major compris, est transportée dans un récipient convenable chargé dans l'un des chariots qui portent les vivres de réserve.

4° Transport de l'avoine de réserve.

230. Chaque caisson transporte 65 kilos d'avoine de réserve dans un sac de batterie placé dans la fourragère de la galerie d'arrière-train et brêlé de la manière suivante :

Faire passer l'une des extrémités de la corde de brêlage par-dessus les deux montants du milieu de la fourragère, contre le bas de la planche inférieure, puis égaliser les deux bouts. Entourer à la fois le sac, la fourragère et la partie postérieure du cadre de galerie avec les deux brins croisés un peu au-dessus de la fourragère. Ramener chaque brin en faisant un deuxième tour à peu près à égale distance entre les montants du milieu et ceux des bouts de la fourragère, puis fixer l'extrémité au pied du montant postérieur de galerie.

Le complément de l'avoine de réserve est réparti entre les sacs de batterie (1) dont sont dotés les chariots à munitions et le dernier chariot pour bois de plates-formes de chaque pièce.

B — TRAIN DE COMBAT D'UNE BATTERIE DE 220

1° Transport des sacs, du campement et de l'avoine de route.

231. Sacs d'homme monté et avoine de route. — Les conducteurs des *chariots de parc et de l'échelle-observatoire* et les hommes pourvus d'un cheval de selle, rattachés à ces voitures, se conforment à ce qui est prescrit pour la batterie de 120 L (n° 225).

Le restant du personnel du train de combat de la batterie (hommes et chevaux) est réparti entre les chariots à munitions : chacun de ceux-ci reçoit les sacs d'homme monté du personnel d'une voiture ou d'une fraction des attelages haut-le-pied, et un sac à avoine renfermant l'avoine de route des chevaux correspondants.

232. Havresacs. — Les havresacs, dépourvus de marmites ou de gamelles de campement, sont répartis entre tous les chariots de parc.

233. Campement. — Comme il est dit n° 227.

2° Transport des clous et ferrures de rechange et des crampons à glace.

234. Les chariots de parc transportent les fers, clous et crampons des chevaux qui marchent avec eux.

Chaque avant-train de siège porte deux *boîtes n° 1 en tôle pour fers* contenant chacune deux ferrures complètes (8 fers et 80 clous) disposées comme il est dit n° 170.

---

(1) Chacun de ces sacs peut contenir 65 kilos d'avoine; le dernier chariot pour bois de plates-formes de chaque pièce en transporte deux.

Le complément des fers des chevaux du train de combat de la batterie est fractionné en deux lots sensiblement égaux. Le premier est placé à plat au fond du coffre d'avant-train de la forge (n° 148); le second est chargé dans des caisses portées par les chariots à agrès désignés (1). Les clous correspondants sont placés dans les *boîtes n° 1 en tôle pour clous et crampons à glace* (2) portées par certains chariots à munitions de numéro pair.

Les crampons à glace destinés aux chevaux qui ne sont pas rattachés aux chariots de parc sont répartis entre les boîtes n° 1 en tôle pour clous et crampons à glace portées par certains chariots à munitions de numéro impair.

3° Transport des vivres de réserve.

235. Comme il est dit n° 229, les trois premiers chariots à munitions seuls recevant des vivres de réserve dans leur coffret.

4° Transport de l'avoine de réserve.

236. L'avoine de réserve est répartie entre les sacs de batterie (3) dont sont dotés les chariots à munitions.

C — ÉTATS-MAJORS DE GROUPE DE BATTERIE
DE 120 L OU DE 220

1° Généralités.

237. A la première batterie de chaque groupe est rattaché un *état-major de groupe*.

Le conducteur de la voiture médicale se conforme pour le transport de son paquetage à ce qui est prescrit n° 154.

Les autres hommes déposent leurs sacs dans les chariots à munitions désignés.

Le cheval du vaguemestre et les chevaux d'officiers transportent leur avoine de route.

Les clous et ferrures de rechange, les crampons à glace, les vivres et l'avoine de réserve sont simplement ajoutés à la dotation normale de l'unité qui administre l'état-major.

2° Transport du matériel du service de santé ou du service vétérinaire.

238. Comme il est dit n°ˢ 222 et 223.

---

(1) Caisses confectionnées dès le temps de paix par les soins des corps mobilisateurs.

(2) Ces boîtes, identiques aux boîtes n° 1 pour fers, peuvent contenir en vrac environ 1.400 clous ou 1.000 crampons à glace.

(3) Chacun de ces sacs peut contenir 90 kilos d'avoine.

D — TRAINS RÉGIMENTAIRES

239. Mêmes principes que pour le groupe de batteries montées de 75 (nos 160 et suivants), en tenant compte des particularités suivantes :

La section de réserve comprend un fourgon à bagages et un fourgon à vivres. Les autres fourgons à vivres sont également répartis dans les deux sections de distribution et de ravitaillement.

Le fourgon à bagages ne reçoit en principe que les bagages des officiers et des adjudants. Les bagages des unités sont chargés, ainsi que la cantine vétérinaire, sur les chariots de parc des trains de combat des batteries.

X. — Section mixte de munitions d'infanterie et de 65 de montagne.

(Échelon sur roues.)

A — TRAIN DE COMBAT

1° Transport des sacs, du campement et de l'avoine de route.

240. Sacs d'homme monté et avoine de route. — *Caissons à munitions d'infanterie dont l'arrière-train est muni de deux petits coffres.* — Ceux de ces caissons, qui portent un numéro impair, sont pourvus d'un sac de batterie (contenance : 65 kilos d'avoine), dans lequel les conducteurs des attelages de ce caisson et du caisson pair qui le suit, ainsi que les hommes pourvus d'un cheval de selle, rattachés à ces deux voitures, enferment leurs sacs d'homme monté ainsi qu'un sac à avoine renfermant l'avoine de route de leurs chevaux. Ce sac est ensuite brûlé sur le coffre de devant de l'arrière-train, comme il est dit n° 175.

Caissons à munitions d'infanterie dont l'arrière-train est muni d'un coffre à grand rendement : forge, chariot de batterie et attelages haut-le-pied. — On charge sur les chariots de batterie, comme il est dit n° 147, entre le derrière de la voiture et la fourragère :

1° Les sacs d'homme monté des conducteurs et hommes du cadre qui ne marchent pas avec les caissons à munitions d'infanterie dont l'arrière-train est muni de deux petits coffres;

2º Les sacs à avoine renfermant l'avoine de route des chevaux de ces hommes.

A chaque chariot de batterie est rattachée à cet effet une autre voiture ou une partie des attelages haut-le-pied.

241. Havresacs. — Les havresacs portant chacun une *couverture de campement*, mais non munis d'ustensiles de campement, sont en principe chargés sur les coffres de devant des arrière-trains des caissons à munitions d'infanterie munis de deux petits coffres de numéro pair. Ces havresacs sont brêlés sur le dessus et sur les côtés à l'aide de deux cordes à fourrage.

Les havresacs qui ne trouvent pas place sur ces voitures sont brêlés comme il est dit nº 147 sur la fourragère d'un certain nombre de chariots de batterie.

242. Campement. — Les *moulins à café*, les *sacs à distribution*, les *hachettes* sont portés par les havresacs des hommes qui les ont en consigne.

Chacun des caissons à munitions d'infanterie dont l'arrière-train est muni d'un coffre à grand rendement porte sur le marchepied de son arrière-train *2 marmites, 2 gamelles* et *2 seaux en toile* fixés comme il est dit nº 211.

Le restant des *ustensiles de campement*, sauf quelques seaux en toile qui sont portés par les chevaux, est réparti entre les chariots de batterie, et fixé comme il est dit nº 147.

Les ballots de *tentes-abris* (nº 97), groupés en principe dans un certain nombre de sacs à avoine, sont brêlés sur les fourragères des chariots de batterie, ou chargés dans ces voitures.

2º Transport des clous et ferrures de rechange et des crampons à glace.

243. Chaque caisson à munitions d'infanterie, et chaque chariot de batterie est muni de trois crochets porte-seau.

L'un de ces crochets (celui de l'avant-train pour les caissons) transporte un seau d'abreuvoir ou une boîte à graisse.

Les deux autres (ceux de l'arrière-train pour les caissons) transportent :

Soit : *2 boîtes nº 1 en tôle pour fers* (tous les chariots et les caissons de numéro impair);

Soit : *1 boîte nº 1 en tôle pour fers* et *1 boîte nº 2 en tôle pour crampons à glace* (caissons de numéro pair).

Chaque boîte nº 1 en tôle pour fers reçoit deux ferrures complètes (8 fers et 80 clous) disposées comme il est dit nº 170.

Le complément des fers des chevaux du train de combat de la section, avec les clous correspondants, est placé à plat au fond du coffre d'avant-train de la forge (n° 148).

Les *crampons à glace* sont répartis entre les boîtes n° 2 en tôle pour crampons à glace.

3° Transport des vivres de réserve.

244. Les caissons dont l'arrière-train est muni d'un coffre à grand rendement portent sur leur arrière-train une *caisse à vivres de réserve.* Les chariots de batterie n°s 5 et 6 reçoivent, dans leur arrière-train, chacun une *caisse à vivres de réserve.*

Les vivres de réserve de l'unité sont répartis entre ces caisses, les tablettes de café et de potage salé rangées au fond, soigneusement calées et séparées des boîtes de conserve, du pain de guerre des officiers et des sachets de sucre par des sachets à vivres collectifs convenablement pliés.

L'*eau-de-vie* pour toute l'unité, train régimentaire et convoi muletier compris, est transportée dans un récipient convenable chargé dans l'arrière-train du dernier chariot de batterie.

4° Transport de l'avoine de réserve.

245. L'avoine de réserve pour tous les chevaux du train de combat est répartie entre les sacs de batterie (contenance 65 kilos) des caissons à munitions d'infanterie autres que le caisson n° 7. Ces sacs sont brêlés pour les caissons dont l'arrière-train est muni d'un coffre à grand rendement, sur la partie postérieure du marchepied de l'arrière-train, comme il est dit n° 209; pour les autres caissons, sur le coffre de derrière de l'arrière-train, comme il est dit n° 175.

B — TRAIN RÉGIMENTAIRE

246. Le train régimentaire de la section mixte de munitions, commun à l'échelon sur roues et à la colonne muletière de cette unité, est toujours rattaché à l'ensemble des trains régimentaires du groupement avec lequel marche la section de munitions.

Le personnel se conforme à ce qui est prescrit pour la batterie montée de 75 (n°s 160 et suivants). S'il est nécessaire, les vivres et l'avoine de réserve sont allotis séparément pour chaque voiture.

Les bagages de l'unité sont en principe chargés sur le *chariot-fourragère.*

XI. — Section mixte de munitions d'infanterie de 75 de campagne et de 65 de montagne sur roues.

A — TRAIN DE COMBAT

1° Transport des sacs, du campement et de l'avoine de route.

247. Sacs d'homme monté et avoine de route. — *Voitures du matériel de 75 (canon, caisson ou forge)* : comme aux n⁰ˢ 144 et 145.

Caissons à munitions d'infanterie : comme au n° 240.

Chariots de batterie : les conducteurs et les hommes pourvus d'un cheval de selle rattachés à ces voitures placent leurs sacs d'homme monté et le sac renfermant l'avoine de route de leurs chevaux dans l'arrière-train de leur voiture.

Les conducteurs des *attelages haut-le-pied* sont rattachés au dernier chariot de batterie.

248. Havresacs. — Les havresacs sont, en principe, chargés dans les *galeries porte-sacs des voitures du matériel de 75*. Ceux qui ne peuvent être chargés sur ces voitures sont transportés sur les coffres des avant-trains de *2 caissons à munitions d'infanterie*, brêlés sur les côtés et sur le dessus à l'aide de deux cordes à fourrage.

249. Campement. — Les *moulins à café*, les *sacs à distribution*, les *hachettes* et les *couvertures de campement* sont placés sur les havresacs des hommes qui les ont en consigne.

Chaque galerie porte-sacs reçoit, comme il est dit n° 146, *2 marmites, 2 gamelles* et *2 seaux en toile*, ainsi que deux ballots de *tentes-abris*.

Le restant des *ustensiles de campement*, sauf quelques seaux en toile qui sont portés par les chevaux, est réparti entre les chariots de batterie et fixé comme il est dit n° 147. Ces chariots portent également les ballots de *tentes-abris* qui n'ont pu trouver place sur les galeries.

2° Transport des clous et ferrures de rechange et des crampons à glace.

250. Chaque avant-train de canon ou de caisson du matériel de 75 transporte, comme il est dit n° 148, *24 fers et 240 clous*.

Chaque caisson à munitions d'infanterie est muni de 3 crochets porte-seau. Les deux de l'arrière-train portent

chacun *1 boîte n° 1 en tôle pour fers* qui reçoit deux ferrures complètes (8 fers et 80 clous) disposées comme il est
dit n° 170.

Le complément des fers des chevaux du train de combat
de la section, avec les clous correspondants, est placé à
plat au fond du coffre d'avant-train de la forge (n° 148).

Les *crampons à glace* sont répartis entre les boîtes à
clous et crampons des avant-trains de canon et de caisson
du matériel de 75.

3° Transport des vivres de réserve.

251. Un lot de vivres de réserve comprend en principe :
20 boîtes individuelles de *viande de conserve ;*
20 tablettes de *potage salé* dans un sachet collectif;
20 tablettes de *café* dans un sachet collectif;
1.600 grammes de *sucre* dans un sachet collectif, dont
la ligature devra être fortement serrée.

Un certain nombre de ces lots sont transportés, ainsi
qu'il est dit n° 150, soit dans un avant-train de caisson du
matériel de 75, soit dans deux avant-trains de canon.

Le restant des vivres de réserve, y compris le pain de
guerre que les officiers ne transportent pas dans le paquetage de leurs chevaux, est réparti, comme il est dit n° 244,
entre *3 caisses à vivres de réserve* portées par des caissons
à munitions d'infanterie.

Eau-de-vie : comme au n° 244.

4° Transport de l'avoine de réserve.

252. L'avoine de réserve pour tous les chevaux du
train de combat est chargée, partie dans les coffres à
avoine des caissons du matériel de 75, partie dans les sacs
de batterie de 65 kilos qui sont brêlés sur les coffres d'avant-
trains de tous les caissons à munitions d'infanterie qui ne
transportent pas de havresacs.

5° Transport du matériel du service de santé
et du service vétérinaire.

253. Le matériel du service de santé confié aux infirmiers est transporté comme il est dit n° 158.

La cantine vétérinaire est chargée dans le dernier chariot
de batterie.

B — TRAIN RÉGIMENTAIRE

254. Comme au n° 246.

§ 2 — ARTILLERIE DE MONTAGNE

1° Transport des sacs et du campement.

255. Dans les batteries et sections d'artillerie de montagne et dans les colonnes muletières de munitions, les *ustensiles de campement* sont fixés sur les havresacs des hommes désignés.

Les hommes pourvus d'un *havresac* portent en principe celui-ci, sauf les conducteurs de fourgon qui le placent sous le siège de leur voiture avec le restant de leur paquetage (1).

Toutefois, on peut mettre en surcharge sur certains mulets quelques havresacs, en particulier ceux des hommes fatigués, des éclaireurs et agents de liaison, du télémétriste, des signaleurs à l'appareil optique, des canonniers qui ont été la nuit précédente de garde aux animaux ou au matériel, etc. Mais il importe de maintenir toujours l'unité en état de marcher et de combattre en se réservant même la possibilité de charger en cours de marche quelques havresacs pour parer à un accident possible.

Au lieu de décharger un certain nombre d'hommes du havresac, il est préférable de décharger tous les canonniers d'une partie du chargement extérieur de leur sac (Voir n° 99). Il convient de répartir les effets ainsi transportés de manière qu'ils restent à la disposition immédiate de leur détenteur.

Les *sacs en toile cachou* et les *sacs d'homme monté* sont chargés en permanence sur les mulets.

2° Transport de l'avoine de route.

256. Les chevaux montés par les officiers portent leur avoine de route dans l'étui porte-avoine; les chevaux de selle dans un sac à avoine (n° 71-3°).

L'avoine de route des animaux de trait est enfermée dans la musette-mangeoire qui est chargée sous le siège de la voiture.

Chaque conducteur muletier place de même les deux kilos d'avoine de route de son mulet dans sa musette-mangeoire, puis lie celle-ci avec sa corde en laissant une ganse de peu de longueur. Pour les mulets bâtés, la

---

(1) Les conducteurs de fourgon fixent leur mousqueton aux ferrures spéciales portées par la voiture.

musette-mangeoire ainsi préparée est suspendue au crochet de charge de derrière, à gauche, et fixée avec les lanières de la matelassure de manière qu'elle ballotte le moins possible pendant la marche (1).

La musette-mangeoire des mulets nus, préparée de même, est fixée de la même manière au crochet de charge gauche de devant d'un bât de mulet haut-le-pied (2). Il en est de même de celle du second cheval de certains officiers.

3° Transport des clous et ferrures de rechange et des crampons à glace.

257. Les mulets bâtés portent leur ferrure complète dans la poche à fers du bât.

La ferrure complète des animaux de trait est placée sous le siège des fourgons.

Les fers, clous et crampons des chevaux d'officiers, des chevaux de selle de troupe et des mulets nus sont transportés dans une des caisses de transport non garnies mises à la disposition de l'unité. (A la colonne muletière de la section mixte de munitions d'infanterie et de 65 de montagne de France, ces dernières ferrures sont ajoutées à celles de l'échelon sur roues et chargées dans la forge de l'unité.)

4° Transport des vivres de réserve.

258. Les vivres de réserve sont, en principe, répartis entre les hommes et chargés dans leurs sacs. Toutefois, l'eau-de-vie pour toute l'unité est transportée dans un récipient convenable en surcharge sur un des mulets du train de combat de l'unité.

Lorsque l'unité dispose de caisses de transport non garnies et peut les affecter au moins partiellement aux vivres de réserve, on y charge les petits vivres des hommes du train de combat, puis, au besoin, une partie de la viande de conserve. Les tablettes et les boîtes sont rangées côte à côte et soigneusement calées; le sucre est enfermé dans un sac à avoine. Les hommes conservent toujours leur pain de guerre et restent détenteurs de leurs sachets individuels.

(1) Les conducteurs des mulets bâtés placent (n° 93) dans leur musette de pansage 1 brosse en soie, 1 étrille, 1 torchon-serviette, 1 éponge, 1 corde à fourrage et 1 surfaix de couverture; puis lient la musette avec sa sangle en laissant une ganse de peu de longueur par laquelle la musette est suspendue au crochet de charge de derrière, à droite; elle est ensuite fixée comme il est dit pour la musette-mangeoire.

(2) Les musettes de pansage des conducteurs des mulets nus peuvent de même être fixées aux bâts des mulets haut-le-pied, en avant et à droite.

Les vivres de réserve des hommes du train régimentaire peuvent de même être groupés si les circonstances s'y prêtent.

5° Transport de l'avoine de réserve.

259. Dans les batteries et sections d'artillerie de montagne, en France et en Afrique, ainsi que dans les sections mixtes de munitions sur bâts d'Afrique, l'avoine de réserve est répartie entre un certain nombre de sacs de batterie de 65 kilos portés par des mulets spéciaux (1).

Dans les colonnes muletières de France, elle est répartie dans un certain nombre de sacs de batterie de 22 kilos portés en surcharge par certains mulets.

6° Transport du matériel du service de santé et du service vétérinaire.

260. Le matériel du service de santé et celui du service vétérinaire sont normalement transportés par les mulets désignés à cet effet.

En outre, les infirmiers peuvent porter certains accessoires (sac d'ambulance, musette de pansement, etc.).

7° Transport des vivres du jour non consommés, des vivres de chemin de fer et des vivres de débarquement.

261. Voir n°s 123, 136 et 140.

8° Chargement du train régimentaire.

262. Dans la batterie d'artillerie de montagne de France, chaque fourgon constitue une section du train régimentaire.

Le fourgon de la section de réserve reçoit les bagages de l'unité qui ne trouvent pas place sur les mulets; les deux autres ne transportent que des vivres.

§ 3 --- ARTILLERIE A PIED

263. En principe, lorsqu'une troupe d'artillerie à pied se déplace, chaque homme porte son havresac. Celui-ci contient les vivres de réserve et porte les ustensiles de campement que l'homme a en consigne.

_____

(1) Les batteries de Corse ne disposent pas de mulets spéciaux pour le transport de l'avoine. Celle-ci, enfermée dans des sacs de batterie et dans des sacs à avoine d'homme monté, est alors portée en surcharge par un certain nombre de mulets.

Les bagages des officiers et de la troupe, s'il y a lieu, sont transportés sur des voitures requises dont le chargement peut être complété avec une partie des havresacs des hommes.

ARTICLE V

DISPOSITIONS SPÉCIALES POUR L'EMBARQUEMENT EN CHEMIN DE FER

264. Les troupes qui doivent être transportées en chemin de fer ou qui participent simplement à un exercice d'embarquement prennent la tenue de campagne avec le paquetage de campagne en y apportant toutefois les modifications suivantes :

1º Tous les **hommes non montés** de l'artillerie à pied et ceux de l'artillerie de montagne qui sont pourvus d'un havresac portent sur le dos le havresac chargé réglementairement ;

2º Tous les **hommes montés,** ainsi que les **hommes non montés** de l'artillerie de campagne et les hommes pourvus du sac en toile cachou dans l'artillerie de montagne, portent en sautoir le manteau ou la capote (1), et placent la gamelle individuelle dans l'étui-musette avec le quart et la cuiller. Les chefs de pièce placent le couteau à conserves dans l'étui-musette ;

3º Les selles, les sellettes des attelages à la daumont et les bâts sont munis d'une *étiquette* portant le nom et le numéro matricule de l'homme qui les a en consigne. Cette étiquette est destinée à permettre à l'homme de reconnaître facilement son harnachement.

Elle est en général constituée par un petit rectangle de papier collé sur la face postérieure du troussequin de la selle ou de la sellette, ou de l'arcade de derrière du bât ;

4º Les *musettes-mangeoires* des chevaux de selle, chevaux d'officiers compris, ou des chevaux d'un même attelage à la daumont, sont fixées au côté gauche du troussequin de la selle à l'aide d'une des courroies de paquetage.

Celles des attelages conduits en guides sont fixées le long du dessus de cou, à gauche de l'encolure, la corde de la musette passant à cet effet dans l'anneau de rênes et autour de la musette roulée.

---

(1) Pendant les grandes chaleurs, si la troupe ne doit pas voyager de nuit, le commandant de la troupe peut prescrire aux hommes de ne pas prendre sur eux les manteaux ou les capotes.

Celles des animaux de bât sont fixées comme il est prescrit pour le paquetage normal de campagne (n° 256).

Celles des chevaux de main ou des mulets nus sont fixées au surfaix de couverture, la corde de la musette entourant le surfaix et la musette à droite et à gauche du garrot.

Dans tous les cas, les musettes-mangeoires sont vides, l'avoine de chemin de fer étant placée dans les sacs à avoine des hommes désignés à raison d'un sac par wagon;

5° Les *surfaix de couverture* des chevaux de selle ou des chevaux d'un même attelage à la daumont, et les *longes en chaîne* de ces animaux sont placés respectivement dans les sacoches gauches et droites, à la partie supérieure du chargement, de manière à pouvoir être atteints facilement.

Les longes en chaîne des animaux conduits en guides sont passées dans l'anneau de rênes de droite du dessus de cou et fixées, par leurs deux extrémités, au collier d'attache ou à la garniture de tête;

6° Dans l'artillerie de campagne, les paquetages et le campement restent chargés comme il est prescrit.

265. Pour les exercices d'embarquement en chemin de fer, le matériel doit toujours être chargé en guerre; les vivres de réserve, lorsqu'il est impossible de se les procurer, sont remplacés par leurs simulacres. On prend toujours le campement, l'avoine de route, l'avoine de réserve, les ferrures de rechange.

Les voitures du train régimentaire reçoivent leur chargement complet (bagages, vivres et avoine). En particulier, le chariot-fourragère transporte l'équivalent de l'avoine de jour et de l'avoine de débarquement pour l'effectif normal de l'unité. Lorsqu'on ne peut se procurer les autres denrées, les fourgons sont entièrement chargés en avoine.

CHAPITRE II

TENUE ET PAQUETAGE DE TRAVAIL

I — TENUE DE TRAVAIL

266. La tenue de travail est portée par la troupe pour tous les travaux, exercices et manœuvres où il n'est pas fait usage de la tenue de campagne ou de la tenue de route.

C'est, en particulier, la tenue normale pour toutes les

manœuvres où la troupe ne quitte pas sa garnison, ou pour les séances d'écoles à feu (1).

Le détail de la tenue de travail est réglé par le commandant de l'unité ou par l'officier qui commande le travail, l'exercice ou la manœuvre, en s'inspirant des indications suivantes :

267. La tenue de travail peut être soit en *effets de drap* soit en *effets de toile* (2), ces derniers étant portés seuls ou par-dessus les effets de drap suivant la température.

Les effets de toile sont, en principe, portés par les hommes pour les corvées, les exercices de détail et les instructions de la première période. Ils sont également portés pendant les manœuvres de la deuxième période lorsque la température l'exige.

268. Tenue en effets de drap. — Les **hommes montés** portent la *culotte*, les *brodequins*, les *jambières en cuir*, et les *éperons à la chevalière* (3).

Lorsqu'ils ne doivent pas monter à cheval, ils peuvent porter, à condition que la tenue reste uniforme dans une même unité, les *bandes molletières* à la place des jambières et des éperons.

Les **hommes non montés** portent le *pantalon d'ordonnance* avec ou sans *bandes molletières* et les *brodequins*. Le pantalon peut être remplacé par la *culotte*, portée avec les *bandes molletières*, si la collection d'instruction des hommes comporte cet effet, mais la tenue doit toujours être uniforme dans une même unité.

Lorsqu'ils sont appelés à monter à cheval, les hommes non montés prennent toujours les bandes molletières.

La tenue est complétée par la *veste*, toujours entièrement boutonnée, portée avec la cravate, et sous laquelle l'homme peut revêtir le jersey ou un tricot.

269. Tenue en effets de toile. — Les hommes portent le *bourgeron-blouse*. Le *ceinturon* est toujours porté par-dessus celui-ci, même pour les manœuvres sans armes. La bélière est doublée sur elle-même pour les hommes montés.

A pied, les hommes portent le *pantalon de treillis* soit seul, soit avec les bandes molletières.

---

(1) La troupe prend en principe la *tenue de route* dès qu'elle s'éloigne de sa garnison ou de son camp, ne serait-ce que pour quelques heures, et, en particulier, chaque fois qu'elle doit prendre un repas à l'extérieur.
(2) Quelle que soit la tenue, les hommes doivent toujours être porteurs d'une ceinture de flanelle ou d'une ceinture de laine.
(3) Les hommes montés de l'*artillerie de montagne* portent le pantalon, les brodequins, les bandes molletières et, s'il y a lieu, les éperons.

A cheval, ils conservent la culotte ou le pantalon de drap.

270. Dispositions communes aux deux tenues. — La coiffure comporte toujours le *képi* avec la jugulaire passée sous le menton, ou, pour les troupes alpines, le *béret*. Avec le képi, lorsque la température l'exige, les hommes portent le *couvre-nuque*.

Lorsque les circonstances atmosphériques le justifient, ordre est donné de prendre le *manteau* ou la *capote*, ou, pour les hommes non pourvus d'un cheval ou d'un attelage à la daumont, de le porter en sautoir.

Le *petit bidon* n'est pris que pour les écoles à feu, le service de garde ou quand l'ordre en est donné. Le *quart* est alors suspendu par son anse à la courroie du petit bidon, du côté du petit goulot, l'intérieur tourné vers le corps de l'homme. Il doit pouvoir glisser librement le long de la courroie.

L'*étui-musette* n'est pris que pour le service de garde. Il renferme alors le pain, la cuiller et la fourchette ainsi que la gamelle individuelle.

Les conducteurs à la daumont et les conducteurs de mulets de bât prennent toujours le *fouet*.

271. Lorsque la troupe est en armes (1) :

Les **hommes non montés,** sous-officiers compris, prennent le *mousqueton* avec sa bretelle, le *ceinturon* avec le *sabre-baïonnette* et une *cartouchière* portée en avant et à droite.

Les **hommes montés** (2) prennent l'*étui de revolver*, le *revolver* et sa *lanière*. Les hommes pourvus d'un cheval de selle portent en outre le *ceinturon*. Pour les manœuvres à pied seulement, lorsqu'elles ont lieu en armes, tous les hommes montés suspendent au *ceinturon* le *sabre* muni de sa *dragonne*.

─────────────

(1) En principe, la troupe prend les armes : pour les manœuvres à pied, à partir du moment où l'on aborde le travail en armes; pour les manœuvres d'artillerie, à l'école de la pièce ou de la batterie; pour les manœuvres à cheval, aux séances de travail en armes; pour les manœuvres des batteries attelées, à partir de l'école de la batterie attelée; pour toutes les séances de service en campagne. Les corvées se font en général sans armes.

(2) Les gradés montés, pour l'instruction individuelle à pied, prennent, en principe, l'armement des hommes qu'ils instruisent.

Les conducteurs réservistes ou territoriaux, classés dans les sections de munitions ou de parc, prennent l'armement des hommes non montés, pour les séances où ils doivent recevoir l'instruction sur l'emploi du mousqueton.

II — PAQUETAGE DE TRAVAIL

272. Les chevaux et mulets portent le harnachement de campagne sans collier d'attache, ni longe, ni sacoches, ni paquetage d'aucun genre. Seul, le *manteau* est placé sur la selle, quand l'ordre en est donné par le commandant de la manœuvre (1).

Les hommes pourvus d'un cheval de selle, lorsque la troupe est en armes, suspendent le *sabre* à la selle, après l'avoir muni de la *dragonne*.

273. Les voitures ne transportent aucun paquetage : elles ne portent extérieurement que les accessoires qui peuvent être nécessaires pour parer à un incident ou qui peuvent être utilisés pour la manœuvre. Les galeries porte-sacs sont laissées en place.

CHAPITRE III

TENUE DE SORTIE

274. La tenue de sortie est la tenue habituelle des hommes en dehors du travail. Toutefois, elle n'est prise qu'à partir d'une heure fixée par le commandant d'armes qui règle dans chaque garnison le détail de cette tenue en se basant sur les principes suivants :

Les **hommes non montés** et les **sous-officiers** portent le *pantalon d'ordonnance* tombant naturellement sur les *brodequins* (2).

Les **brigadiers** et **canonniers** montés portent la *culotte* avec *jambières en cuir*, *éperons à la chevalière* et *brodequins*.

Les uns et les autres portent la *veste* avec la *cravate* et le *képi* dont la jugulaire est relevée sur la visière, ou le *béret*.

---

(1) Pour les exercices de la première période, la garniture de tête des chevaux de selle peut être constituée par un bridon; les chevaux d'attelage sont toujours en bride aussi bien pour les corvées que pour les manœuvres.

(2) Dans les unités alpines, les hommes portent les *bandes molletières* sur le pantalon.

Cette disposition peut être autorisée dans les autres unités, ainsi que le port de la culotte avec bandes molletières.

✳

L'armement comprend uniformément pour tous les sous-officiers, montés ou non montés, le *sabre* avec *dragonne* suspendu à la bélière du *ceinturon*.

Les brigadiers et canonniers portent, s'ils appartiennent à la catégorie des hommes non montés, le *ceinturon*, sans cartouchières, avec le *sabre-baïonnette* (1) et, s'ils appartiennent à la catégorie des hommes montés, le *ceinturon* avec le *sabre* muni de sa *dragonne*.

275. Lorsque les circonstances l'exigent, les hommes peuvent prendre le *manteau* ou la *capote*, par-dessus la veste ; de même, la tenue de sortie, en été, peut comporter dans la journée le *pantalon de treillis* tombant naturellement sur les brodequins.

276. Tenue de ville des sous-officiers rengagés ou commissionnés. — Les sous-officiers rengagés ou commissionnés sont autorisés à revêtir tous les jours, fériés ou non, mais seulement en dehors du service, la *tenue de ville* qui leur est attribuée. Leur tenue doit alors comprendre tous les effets de cette catégorie.

La tenue de ville comprend : une *tunique* avec col blanc et pattes d'épaule, un *pantalon* et un *képi* (ou un *béret*) en drap fin, des *bottines*, des *gants blancs*, un *ceinturon* en cuir verni et une *dragonne du modèle adopté pour les officiers*. Les sous-officiers rengagés ou commissionnés peuvent remplacer, en tenue de ville, les chaussures réglementaires par des chaussures en cuir ciré ne présentant ni piqûres, ni lacets, ni boutons apparents (2).

CHAPITRE IV

GRANDE TENUE ET PAQUETAGE DE PARADE

I — GRANDE TENUE

277. Pour les parades et pour les revues qui ne sont pas passées en tenue de campagne ou en tenue de travail,

---

(1) Sabre-baïonnette du mousqueton pour les hommes du service armé; sabre-baïonnette série Z pour les hommes du service auxiliaire.
(2) Les sous-officiers rengagés ou commissionnés peuvent porter dans l'intérieur du quartier, ou en tenue de travail, les effets de tenue de ville qui ne sont plus susceptibles d'être maintenus dans la collection d'extérieur.
Pareille mesure est autorisée pour les pantalons d'ordonnance des sous-officiers non rengagés.

la troupe porte la *grande tenue* et prend le *paquetage de parade*.

Les **sous-officiers**, lorsqu'ils sont à pied, portent le *pantalon d'ordonnance* tombant naturellement sur les *brodequins ;* lorsqu'ils sont à cheval, ils portent la *culotte* avec *jambières en cuir, éperons à la chevalière* et *brodequins*.

Les **brigadiers et canonniers non montés** portent le *pantalon d'ordonnance* tombant naturellement sur les *brodequins*.

Les **brigadiers et canonniers montés** portent la *culotte* avec *jambières en cuir, éperons à la chevalière* et *brodequins*

Les uns et les autres portent la *veste* avec la *cravate* et le *képi*, la jugulaire passée sous le menton, ou le *béret*. Le *manteau* ou la *capote* sont portés par-dessus la veste lorsque la température l'exige (1).

Les hommes prennent l'armement suivant :

Sous-officiers: *étui de revolver* avec le revolver et sa *lanière*; *sabre* avec sa dragonne, suspendu au ceinturon, si le sous-officier est à pied, ou porté à la selle, s'il est à cheval.

Brigadiers et canonniers non montés: *mousqueton* avec sa bretelle et *ceinturon*, sans cartouchière, avec *sabre-baïonnette*.

Brigadiers et canonniers montés: *étui de revolver* avec le *revolver* et sa *lanière*. Pour les revues à pied, ces hommes portent en outre le *sabre* suspendu au ceinturon; pour les revues à cheval, ceux qui sont pourvus d'un cheval de selle suspendent le sabre à la selle.

II — PAQUETAGE DE PARADE

278. Les chevaux et mulets portent le harnachement de campagne sans *collier d'attache* ni *longe*.

Les *sacoches* sont modérément gonflées avec de la paille; les selles portent le *manteau* roulé comme pour le paquetage de campagne.

Les hommes pourvus d'un cheval de selle suspendent le *sabre* à la selle.

279. Les voitures ne portent aucun paquetage. Les galeries porte-sacs vides sont laissées en place, les courroies bouclées de manière à ne pas pendre au-dessous de la planchette de fond.

_____

(1) On ne porte jamais le manteau ou la capote en sautoir pour les revues ou para[...].

Comme chargement extérieur, les voitures ne reçoivent que les accessoires indispensables pour parer à un incident (timons, traits de rechange...).

Les fourragères que portent certaines voitures sont complètement relevées et étroitement brêlées à la voiture.

APPROUVÉ :

Paris, le 19 octobre 1912.

Pour le Ministre et par son ordre :

Le Général Directeur de l'Artillerie,

MENGIN.

TABLE DES MATIÈRES

TITRE I

OFFICIERS

CHAPITRE I

Tenue et paquetage de campagne.

CHAPITRE II

Tenue et paquetage de travail.

CHAPITRE III

Tenue de sortie

CHAPITRE IV

Grande tenue et paquetage de parade.

CHAPITRE V

Règles générales relatives à la tenue des officiers.

TITRE II

ADJUDANTS-CHEFS, ADJUDANTS ET ASSIMILÉS

TITRE III

TROUPE

CHAPITRE I

Tenue et paquetage de campagne.

ARTICLE I

TENUE DE CAMPAGNE

ARTICLE II

PAQUETAGE DE CAMPAGNE

ARTICLE III

ALIMENTATION EN CAMPAGNE

ARTICLE IV

TRANSPORT DES EFFETS, DES VIVRES, DES FERRURES, ETC.

§ 1. — *Artillerie de campagne.*

ARTICLE V

Dispositions spéciales pour l'embarquement en chemin de fer.

CHAPITRE II

Tenue et paquetage de travail.

CHAPITRE III

Tenue de sortie.

CHAPITRE IV

Grande tenue et paquetage de parade.

NANCY-PARIS, IMPRIMERIE BERGER-LEVRAULT.

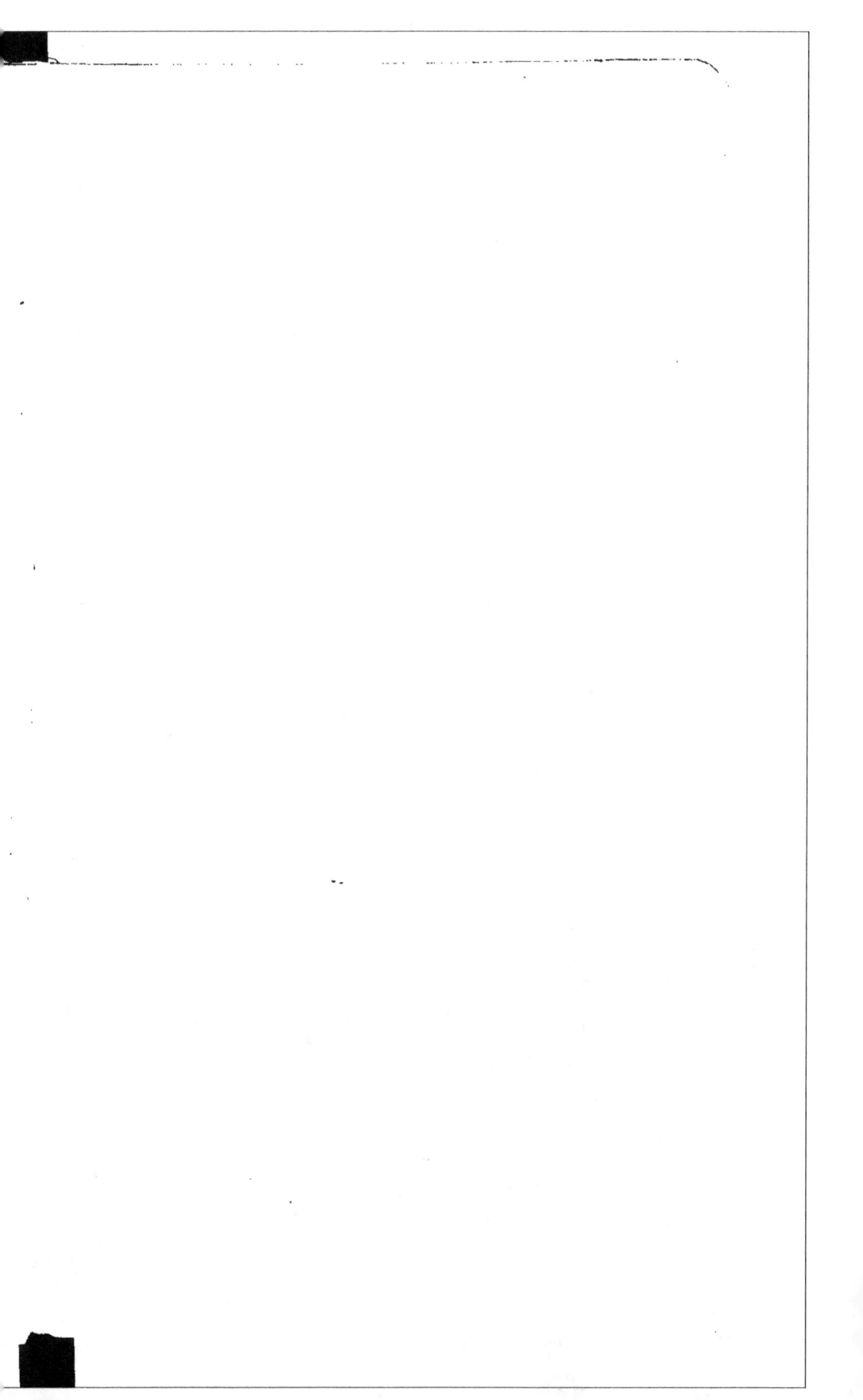

Cours d'Artillerie, à l'usage des élèves officiers de réserve, par le capitaine d'artillerie Bizaud. 1912. Un volume in-8 étroit, avec 76 fig., broché. **2 fr. 50**

Aide-mémoire de campagne à l'usage des Officiers de réserve d'artillerie. 3ᵉ édition, revue et mise à jour. 1911. Un volume in-8 étroit, avec 181 figures dans le texte et une planche en couleurs, cartonné en percaline souple gaufrée or, tranches rouges . . . . **3 fr. 50**

Leçons d'Artillerie, conformes au programme de l'École militaire de l'artillerie et du génie de Versailles, par le commandant E. Girardon, chef d'escadron d'artillerie. 4ᵉ édition, revue et augmentée par P. de Lagarde, chef d'escadron d'artillerie, ancien professeur à l'École militaire de l'artillerie et du génie. 1913. Un volume in-8 de 518 pages, avec 267 figures dans le texte, broché . . . . . . **10 fr.** — Relié en percaline, tête rouge. . **11 fr. 50**

Pratique du Tir du Canon de 75ᵐᵐ de campagne, par le capitaine J. Challéat. Nouveau tirage. 1910. Un volume in-8 étroit, avec 91 figures, relié en percaline souple, gaufrée or, tranches rouges . . . . . **2 fr. 75**

Notes sur le canon de 75 et son règlement, à l'usage des officiers de toutes armes. *Matériel. Manœuvre. Tir*, par Morlière, capitaine instructeur d'artillerie. 3ᵉ édition, revue et augmentée d'un appendice. 1909. Un volume in-8 de 113 pages, avec 59 figures, broché . . . . **2 fr.**

Artillerie de campagne. — **Carnet de l'Instructeur de pointage.** Notes sur la formation des pointeurs, des signaleurs, des transmetteurs et des observateurs, par J. Founty, capitaine au 3ᵉ régiment d'artillerie. 1910. In-8, 85 pages, avec feuillets de papier quadrillé, cartonné. . . . . **1 fr.**

Manuel de préparation du Tir, à l'usage des sous-officiers d'artillerie de campagne, par le lieutenant Hivet. 1910. In-8, 75 pages, broché. . . . **1 fr.**

Éléments de Topographie militaire, à l'usage des Sous-Officiers d'artillerie, par P. Maisons, lieutenant au 59ᵉ régiment d'artillerie. 1911. Brochure in-12 de 46 pages, avec 25 figures dans le texte et 2 planches hors texte. **1 fr.**

Le Livre du Gradé d'Artillerie, à l'usage des élèves brigadiers, brigadiers et sous-officiers d'artillerie de campagne, contenant toutes les matières nécessaires à l'exercice de leurs fonctions et conforme à tous les règlements parus jusqu'à ce jour. Édition pour 1912-1913. Un volume in-8 étroit de 625 pages, avec une planche en couleurs et de nombreuses figures, relié en percaline souple gaufrée or. **2 fr. 50**

Précis d'Histoire de France et d'Histoire générale, rédigé spécialement pour le programme d'admission dans les Écoles de sous-officiers élèves officiers et pour l'admission des élèves officiers de réserve, par Émile Chartriot, docteur ès lettres, agrégé de l'Université. 1910. Un volume in-8 étroit de 391 pages, broché. **2 fr. 50** — Relié en toile souple . . . **3 fr. 50**

Précis de Géographie, rédigé spécialement pour le programme d'admission dans les Écoles de sous-officiers élèves officiers et pour l'admission des élèves officiers de réserve, par le même. Un volume in-8 étroit de 390 pages, avec cartes, broché . . . . **3 fr.** — Relié en percaline. . . . **4 fr.**

Pour l'Enseignement national. — **Après l'École et au Régiment.** Causeries. Patrie et armée. Histoire et géographie. Instruction civique. Morale et économie sociales. Hygiène, agriculture, industrie, par le lieutenant J.-F. Alex-Coche, du 2ᵉ bataillon de chasseurs. (Ouvrage couronné par l'Académie Française.) 1907. Un volume in-8 de 393 pages, broché. . **4 fr.**

Conseils et méthode à l'usage des candidats aux écoles d'aspirants. Suivis d'environ 1500 questions posées aux derniers examens d'admission à Saint-Maixent, Versailles et Vincennes, par le lieutenant G.-A. Box, du 92ᵉ régiment d'infanterie. 1911. Un volume in-8 de 96 pages, broché. **1 fr. 50**

Pour nos Soldats. *Essai d'éducation morale*, par le capitaine Romain, professeur adjoint d'art militaire à l'École d'application de l'artillerie et du génie. (Ouvrage couronné par l'Académie Française.) 3ᵉ édition. 1913. Un volume in-12 de 200 pages, broché. . . . . **1 fr. 25**

Carnet d'Exécution pour Croquis de Reconnaissance, autorisé par circulaire ministérielle du 14 février 1908 (Direction de l'artillerie. — Bureau du matériel. — Nᵒ 29). Feuillets à souche perforée, avec une Notice pour l'exécution. In-18. — Prix. . . . . **20 c.**

www.ingramcontent.com/pod-product-compliance
Lightning Source LLC
Chambersburg PA
CBHW052204270326
41931CB00011B/2221